Aimer au-delà du handicap

Collection *Action sociale*

Ouvrages généraux

Jean Afchain
Les Associations d'action sociale

Michel Autès
Les Paradoxes du travail social

Jean-Noël Chopart et coll
Les Mutations du travail social

Chantal Guérin-Plantin
Genèses de l'insertion

Hélène Hatzfeld
- *Construire de nouvelles légitimités en travail social*
- *Méthodologie de l'observation sociale*

Interco CFDT
Les Nouveaux Acteurs du social

Jacques Ion
- *Le Travail social à l'épreuve du territoire*
- *Le Travail social au singulier*

Marcel Jaeger
L'Articulation du sanitaire et du social

Saül Karsz
L'Exclusion, définir pour en finir

Philip Mondolfo
- *Repenser l'action sociale*
- *Travail social et développement*

Établissements et professions

Jacques Danancier
La Violence en institution

Paul Fustier
- *Le Travail d'équipe dans l'institution*
- *Le Lien d'accompagnement*

Bernard Honoré
L'Hôpital et son projet d'entreprise

Yves Le Duc
Déontologie de la relation à l'usager

Jean-René Loubat
- *Élaborer son projet d'établissement social et médico-social*
- *Résoudre les conflits dans les établissements sociaux et médico-sociaux*

Jean-Luc Martinet et coll.
Les Éducateurs aujourd'hui

Hélène Massa
Le Travail social avec les groupes

Yves Matho, Roland Janvier
Le Droit des usagers des établissements

Joël Plantet
Risque et pratiques éducatives

Joseph Rouzel
- *La Pratique des écrits professionnels en éducation spécialisée*
- *Le Travail d'éducateur spécialisé*

Éric Trappeniers, Alain Boyer
Se former au travail en institution

Méthodologie et environnement juridique

Joëlle Allouche-Benayoun, Marcel Pariat
La Fonction formateur

Francis Alföldi
L'Évaluation en protection de l'enfance

Jean-Yves Barreyre
Classer les exclus

Jacques Danancier
Le Projet individualisé dans l'accompagnement éducatif

Colette Duflot
L'Expertise psychologique

Pierre Gourgand
Les Techniques de travail en groupe

Faïza Guelamine
Intervenir auprès des populations immigrées

Pierre Verdier, Jean-Pierre Rosenczweig
- *Le Secret professionnel en travail social*
- *Les Responsabilités en travail social*
- *La Parole de l'enfant*

Jacques Riffault
Penser l'écrit professionnel en travail social

Handicapés et adultes en difficulté

Alain Blanc
Les Handicapés au travail

Annie Broyer-Labrouche
Renaître après l'accident

Jean-Claude Cébula
L'Accueil familial des adultes

Henri Gomez
La Personne alcoolique

Jean-Jacques Schaller et coll.
Accompagner la personne en difficulté

Henri-Jacques Stiker
Corps infirmes et sociétés

Bernadette Soulier
Aimer au-delà du handicap

Personnes âgées

Jean-Jacques Amyot
Travailler auprès des personnes âgées

Robert Hugonot
La Vieillesse maltraitée

Marie-Louise Lamau et coll.
Manuel de soins palliatifs

Michel Personne
- *Le Corps du malade âgé*
- *Prendre en charge les personnes âgées dépendantes*

Martine Ruszniewski
Face à la maladie grave

Bernadette SOULIER

Aimer au-delà du handicap

Vie affective et sexualité du paraplégique

2e édition

DUNOD

Illustration de couverture :
sculpture réalisée
par Bernadette Soulier

ISBN 2 10 004948 8

Table des matières

Face à ce chemin d'extrême solitude incommunicable
et inexprimable, une révolte intense a modifié le trajet
de mon navire intérieur.

Puissent vos témoignages sincères et nos rencontres
modifier le regard de votre entourage,
des soignants et de la société
sur votre vie amoureuse
… et offrir la certitude du possible bonheur
qui s'épanouit à deux.

Avant-propos à la deuxième édition

Vivre en couple, fonder une famille… Quand la science s'y met, elle fait presque des miracles. Oui, il existe maintenant des possibilités médicales pour permettre à un homme paraplégique d'obtenir une érection et de pouvoir réaliser un rapport sexuel avec pénétration. Il existe des substituts des sécrétions vaginales qui peuvent être utilisés si nécessaire.

Être enceinte, accoucher normalement, allaiter son enfant est chose courante sous surveillance médicale. Recueillir du sperme devient possible pour presque tous les hommes paraplégiques. Et la fécondation médicalement assistée donne actuellement les mêmes chances de voir naître un petit bébé que pour les couples de gens valides.

Tous ces progrès ont eu lieu essentiellement ces dix dernières années. La médecine s'intéresse maintenant au fonctionnement de la sexualité des personnes traumatisées médullaires. Et, comme les accidents de la circulation provoquent une importante survenue de jeunes adultes para et tétraplégiques, le corps médical se trouve confronté aux questions concernant la vie affective, le désir de rencontre, la sexualité. Ces jeunes provoquent le questionnement des médecins spécialistes, urologues et médecins rééducateurs.

Aussi, dans le domaine de la paraplégie et de la sexualité médicale la recherche avance. Cette fois, avec davantage de solutions médicales moins agressives et aux effets secondaires bien moindres, j'ai pu me remettre au travail pour réactualiser les données tout au long de ce livre ou apporter de nouveaux éléments.

Cependant l'aspect psychologique n'est pas oublié. L'obtention du plaisir peut se travailler, la découverte d'un corps aux sensations modifiées peut se faire de façon sereine. Apporter des solutions techniques est fondamental parce que ces solutions sont applicables facilement dans l'immédiat, elles donnent des réponses visibles et efficaces. Cependant on ne peut oublier l'aspect psychologique et humain qui peut se travailler en thérapie. Comment dire à l'autre mes difficultés sexuelles? Comment parler des autosondages, des risques de fuites? Quand expliquer la peur des premières rencontres sexuelles? Comment gérer le couple dans la vie de tous les jours avec la dépendance au fauteuil et à l'autre pour certains gestes? Comment accéder au plaisir malgré les troubles de la sensibilité génitale et comment dire à l'autre ce que l'on aime plus ou moins au moment de la relation sexuelle?... Tout cela et d'autres choses encore peuvent être discutés, répétés, réfléchis en thérapie avec un sexologue pour avancer et ne pas provoquer la rupture d'une relation qui débute par maladresse, parce qu'on a voulu tout dire d'un coup par excès de franchise ou inconsciemment pour faire peur à l'autre et éviter ainsi la relation par exemple...

J'ai donc apporté de nombreuses modifications et rajouts à la fois d'un point de vue médical et scientifique, psychologique et humain tout au long du livre.

Devant le succès de « Aimer au-delà du handicap »[1], auprès des personnes handicapées et des professionnels, l'Association des Paralysés de France m'a demandé d'écrire un deuxième ouvrage complémentaire, « Un amour comme tant d'autres ? »[2], toujours sur le thème de la vie affective et sexuelle mais concernant tous les autres types de handicaps moteurs sauf bien entendu la paraplégie puisque je venais de le faire. C'est pourquoi les deux livres ont des renvois de l'un vers l'autre lors de problèmes ou traitements communs pour éviter toute redite. Les deux livres couvrent donc l'ensemble des divers handicaps moteurs en ce qui concerne les possibilités actuelles de prise en charge médicale et thérapeutique de la vie affective et sexuelle.

« Aimer au-delà du handicap » concerne essentiellement la paraplégie et tétraplégie secondaires à un accident traumatique, mais également en partie la paraplégie congénitale, le spina-bifida, la sclérose en plaques (SEP).

« Un amour comme tant d'autres ? » concerne essentiellement tous les handicaps autres que la paraplégie traumatique : les maladies neuromusculaires dont la myopathie, les infirmes moteurs cérébraux (IMC), les traumatisés crâniens (TC), les

---

1. Bernadette Soulier, *Aimer au-delà du handicap*, Paris, Dunod, 2e éd. 2001.
2. Bernadette Soulier, *Un amour comme tant d'autres ?*, Paris, Association des Paralysés de France, 2001.

polios entre autres, et également en partie, pour d'autres aspects que dans le livre précédent, le spina-bifida et la sclérose en plaques…

Apporter des solutions pratiques, cohérentes, médicales et psychologiques pour vivre une vie affective, sexuelle et familiale épanouie tel est l'objectif commun de ces deux ouvrages. Ils s'adressent autant aux personnes handicapées, qu'à l'entourage et aux professionnels présents auprès d'eux.

Introduction

Médecin en centre de rééducation fonctionnelle, j'aimais rester le soir discuter avec les patients dans la salle de repos. Devant le café ou le chocolat chaud, l'atmosphère n'était plus à la plainte du malade devant son médecin, mais à une relation singulière faite de confidences intimes et sincères. La blouse blanche avait disparu mais je restais la personne qui « savait » quand ils doutaient sur un sujet médical.

Lors des discussions avec les personnes paraplégiques, un point m'a paru flagrant. C'est, avant tout, une effroyable solitude devant les questions touchant leurs possibilités concernant leur vie affective et sexuelle. Qui pourrait leur répondre, les aider, les conseiller ? Ils sont désemparés, ne savent à qui s'adresser, à qui se confier ou comment résoudre seuls leurs problèmes. Bien sûr, ils en parlent parfois et c'est alors le plus souvent entre eux. Or chaque cas est particulier et il leur manque une référence médicale pour vérifier le bien-fondé de leurs dires.

Un jour, pourquoi celui-là, nous parlions haut et fort de banalités. Ce jour-là, le niveau sonore s'est adouci. Ils ont commencé à parler de l'amour.

… Et tu m'as raconté ton histoire. Après l'accident, quand tu as vu que tu étais paralysé, par amour pour ta femme de 24 ans tu lui as dit : « Va-t'en, je ne t'aime plus, il y a longtemps déjà que je voulais te le dire. C'est fini entre nous, c'est définitif. » Elle était désemparée. Et quand elle est venue te revoir au centre deux mois après, tu lui as redit la même chose. Tu ne voulais pas qu'elle ait la vie gâchée auprès d'un mari handicapé. L'émotion te serrait la gorge parce que tu l'aimes plus que tout, plus que toi.

J'étais désespérée de découvrir autant d'isolement. S'il avait pu parler, discuter avec un sexologue, un médecin, de son avenir affectif, et surtout avec sa femme… Est-elle réellement plus heureuse avec un homme valide parce qu'il se déplace avec ses jambes ? A-t-elle envie de l'oublier pour en rencontrer un autre ? Si elle se sent totalement comprise, aimée, perçue sans avoir besoin de clarifier ses demandes, couverte d'une tendresse qui la remplit chaudement, par un homme handicapé avec qui elle a un passé commun, n'est-elle pas alors vraiment heureuse ? Une telle décision ne peut se prendre qu'après discussion à deux, et non pas en solitaire par perte excessive de l'estime de soi.

La conversation avait cessé d'être tapageuse. On parlait à voix feutrée par petits groupes de deux ou trois. Encore ébranlée par le drame de ce couple, je restais songeuse.

Brutalement, une voix m'a fait revenir dans le monde de leur réalité et de leur souffrance :

— « Bernadette, tu crois que je vais récupérer mon érection, un jour ? » Puis ne s'adressant plus à personne si ce n'est à lui-même, il murmura : « Aucune fille ne voudra de moi sinon… »

Malaise… Mal à l'aise de ne savoir que lui dire. Je ne sais pas. Je ne sais pas du tout. As-tu demandé ailleurs ? Oui, ils ne savent que me répondre. Je vais me renseigner, c'est promis.

Une révolte incoercible m'a enveloppée tout entière et plus encore. Comment se fait-il que moi, médecin, je ne sache rien dire pour répondre à des questions pratiques en ce qui concerne l'amour, la routine de notre vie ? Mais quel soignant (médecin de rééducation fonctionnelle, psychiatre, médecin généraliste, urologue, gynécologue, endocrinologue, sexologue, kinésithérapeute, infirmière, assistante sociale, éducateur…) serait le plus à même de leur répondre ?

En effet, trouver un manuscrit sur ce sujet se révèle tenir du miracle.

Aussi ce que j'énonce par la suite est-il en grande partie ce que les personnes m'ont appris au cours des nombreuses discussions que j'ai pu avoir avec elles sur les problèmes rencontrés dans leur vie de couple, sur les positions qui pouvaient leur permettre une intromission, sur la difficulté et les moyens d'obtenir une érection ou un orgasme.

Ensuite, j'ai effectué une recherche bibliographique portant sur ces vingt dernières années afin de réaliser une synthèse récente. Les articles retrouvés me permettront d'affirmer certaines convictions, de pouvoir expliquer la physiologie selon les niveaux lésionnels et de pouvoir indiquer les dernières techniques mises au point. Enfin, les professionnels qui travaillent au quotidien avec les personnes paraplégiques me montreront les gestes techniques et me feront part de leurs propres questionnements.

Mais un couple, c'est aussi une capacité à communiquer, à s'exprimer et à s'aimer. S'il ne se parle pas et ne se rencontre pas sur des dimensions affectives, esthétiques, spirituelles, créatives, imaginaires, sexuelles et au quotidien, il ne vit pas. J'ai pris en considération l'aspect psychologique et affectif qui épanouit ou déstructure le couple.

Devant chaque problème insoluble qui se faisait jour à tout instant j'étais déterminée à proposer une façon de faire adaptée.

Cet ouvrage est donc l'aboutissement d'un pacte avec moi-même concernant le manque d'information sexuelle des personnes paraplégiques. À l'issue de cette histoire est né ce recueil de conseils pratiques afin d'aider les personnes paralysées à la suite d'un traumatisme comme les paraplégiques et les tétraplégiques. Il concerne aussi en partie la paraplégie congénitale, le spina-bifida, la sclérose en plaque et l'hémiplégie.

Il existe en France environ 40000 paraplégiques et tétraplégiques dont 60 % ont moins de 30 ans. Chaque jour, il apparaît 1 à 2 nouveaux tétraplégiques, ce qui correspond à 500 nouvelles personnes par an.

Le terme de paraplégie, utilisé dans un sens large concerne la paraplégie et la tétraplégie.

1

Après l'accident… qui suis-je maintenant ?

LA DÉPRESSION, LA SOUFFRANCE

Qu'on soit homme ou femme, la prise de conscience de cette réalité nouvelle fait se briser tous les derniers ressorts de vie qui n'ont pas été broyés dans l'accident. Tous, chacun pris séparément, ont vécu l'horreur de la désespérance, la perte de tous leurs espoirs, qu'ils soient affectifs, relationnels ou professionnels. Tout s'effondre, l'espace de l'annonce de ce diagnostic sans recours : LE FAUTEUIL. Ce terme résonne comme le glas qui sonne au milieu des sanglots de la procession du mort… Tout le monde passe par cette étape, normale, de mort de soi.

La perte de l'intégrité corporelle ravive l'angoisse de rejet social, familial, affectif, d'effondrement, de perte d'une partie de soi, de séparation, de deuil, d'abandon et de modification de l'intégrité narcissique (castration/identification). Bien entendu, le traumatisme réveille des angoisses enfantines, mais il provoque également de réelles situations matérielles difficiles à résoudre. « Démuni de mon corps et de mon travail, je me suis donc retrouvé dans la vie comme un étranger. Je n'avais plus de place. » (J.-L. Simon, 1989.)

Ceci provoque les sentiments de faillite du moi, de dépréciation narcissique, d'infériorité, de déception, d'injustice. « La perte dehors est immédiatement et dépressivement vécue comme un vide dedans. » (J. Kristeva, 1987.)

La dépression consécutive à l'accident est normale. Rien n'est plus dur à assumer qu'un sentiment d'abandon, de solitude, de détresse morale, de dévalorisation de soi où l'on ne voit pas de solution, d'échappatoire. Plus rien n'existe, si ce n'est ces pleurs intériorisés, avec l'impression que personne ne peut plus comprendre ou aider, car c'est trop profond, trop grave, trop différent de ce que peuvent ressentir tous ces gens qui oublient que leurs jambes leur sont utiles. Le rejet, le manque de regard valorisant de l'autre et la solitude qui en découle sont pires qu'une douleur physique; cette douleur vous saisit tout entier et ne peut être localisée à une partie du corps. Parler aux autres de cette détresse peut les faire fuir: elle réveille leurs propres angoisses, leurs propres doutes. « C'est risqué, d'écouter les gens... car parfois on pourrait les entendre. » (J. Salomé, 1989.) Si l'on veut respecter la vie intime de celui qui souffre en évitant de le questionner sur sa peine, n'est-ce pas en définitive pour éviter de s'identifier à lui, et donc pour se préserver soi-même?

Il est plus facile de parler ouvertement de la douleur physique; il peut même être valorisant de subir une douleur sans trop se plaindre. La douleur physique réveille moins d'angoisses cachées. Il existe de plus un traitement immédiatement applicable ; ce n'est pas une façon de se décharger, mais un traitement médicamenteux, spécifique et efficace rapidement, existe.

Pleurer par angoisse ou par dépression due à la peur de l'avenir sans ses jambes favorise les sentiments de malaise, d'énervement, d'agressivité ou de fuite, ne laissant qu'un sentiment de solitude et d'abandon encore plus grand. Or toute personne qui souffre a besoin de pouvoir partager sa douleur, de se sentir comprise par les soignants et par son entourage. Vivre ses pleurs seul, avec honte, ne fait qu'accentuer son désespoir. Il est difficile de pouvoir évaluer l'impact destructeur de ce silence souvent vécu comme obligatoire. « Le corps s'accommodait de toutes les solitudes, mais l'âme mourait dans l'isolement et il fallait la ramener à la surface des organismes détruits comme on arrache un naufragé à une île déserte. » (J. Bousquet, 1988.)

La nouvelle naissance

« La souffrance s'inscrit, dans nos histoires, comme une rupture du temps. [...] Ces moments disruptifs de la souffrance [...] inscrivent le sujet humain dans le temps et dans l'espace : dans un corps. Nous entendons souvent : c'était après mon accident, c'était avant ou après qu'il ne me quitte ! » (D. Vasse, 1983.) Le besoin de dépasser ses limites est engendré par cette marque du temps, l'épreuve inscrite qui ne peut s'effacer. La manière d'agir est souvent mise en relation avec le traumatisme. La vie de tous les jours, les repères dans le temps des événements de la vie se font sur le mode : avant/après.

« Chaque nouveau contact avec un des hospitalisés débutait par l'échange des histoires respectives qui nous avaient propulsés ici, avec la question centrale et importante pour tous : Ça fait combien de temps ? L'âge ici ne se comptait pas à partir de notre venue au monde, mais à partir de l'accident, les anciens étant ceux qui avaient le plus d'expérience de la vie handicapée, ce qui faisait qu'un « aîné » pouvait se trouver plus jeune que nous. » (J.-L. Simon, 1989.)

Au sujet du monde handicapé, J.-L. Simon (1989) est frappé par le dénuement qu'il y rencontre. « Dénuement qui m'a fait vivre avec d'autres écorchés de la vie des moments d'intimité et de vérité qui, dans ma vie debout, ne se présentaient qu'en de rares occasions. »

De multiples facteurs peuvent favoriser la reprise d'un nouveau départ ou permettre de glisser plus rapidement encore vers le désespoir : la façon dont est annoncé le diagnostic et la relation avec le médecin, la présence chaleureuse de la famille, l'attitude du conjoint, le soutien des amis, la qualité de l'équipe soignante, l'expérience des autres malades et l'esprit d'équipe qui règne alors… ainsi que sa propre personnalité et le moment où se situe le drame dans sa vie. « La survenue d'un handicap en cours de vie est toujours suivie, du moins dans l'immédiat de l'hospitalisation, d'une exclusion des groupes dont la personne traumatisée faisait partie. Cette exclusion de son travail, de son club sportif, contribue au dépouillement de son identité ; en plus de la perte d'identité corporelle, son identité groupale s'évapore aussi. » (J.-L. Simon, 1991.)

Il existe donc une remise en cause, un bouleversement, un apprentissage à tous les niveaux : psychologique, familial, professionnel, corporel, sphinctérien, affectif et sexuel.

Tous ces domaines à découvrir transforment cet accident en une nouvelle naissance par la quantité d'éléments à réapprendre, à redécouvrir. C'est l'apprentissage d'une vie, ainsi que le fait le nouveau-né qui sans cesse évolue vers une meilleure autonomie. « Nous pouvons admettre que le parcours : crise + *nursing* + apprentissage de l'autonomie offre suffisamment de similitudes avec le chemin du tout petit pour nous permettre d'affirmer qu'un traumatisme spinal est en premier lieu l'occasion d'une formidable régression psychologique. » (J.-L. Simon, 1989.)

La conception de la vie affective se trouve transformée, remodelée très profondément. Une ouverture peut se faire vers le développement de relations intenses, sincères, mais souvent différentes. Les relations en général avec l'entourage ne sont plus les mêmes : elles vont plus loin dans le domaine des confidences et de l'affectif ; la sélection est plus rigoureuse. « Peut-être faudra-t-il plus simplement, plus difficilement aussi, accepter d'entrer dans le cycle de la vie. La tendresse est une naissance à soi-même qui nous fait pénétrer dans le ventre émerveillé de l'existence. » (J. Salomé, 1988.)

Ce corps à apprivoiser

> « Le centre des premiers temps de la rééducation fonctionnelle est le réapprentissage des fonctions excrémentielle et urinaire. » (J.-L. Simon, 1989.)

La rééducation vésicale

Il existe un grand problème chez le paraplégique et le tétraplégique, c'est la vessie. À plusieurs reprises, ils me diront : « Ce qui nous gâche la vie, c'est ça. Plus que la perte des jambes, plus que tout ». C'est à chaque sortie à l'extérieur la peur des fuites, la honte en public de devoir assumer de s'être mouillé. C'est la peur de sortir au restaurant, en ville, car il n'y a pas de toilettes adaptées ; or il faut uriner environ toutes les trois heures. C'est alors la crainte du train, de l'avion, des sorties. Ils évitent de boire s'il doivent aller à l'extérieur. Mais avec une vie active, comment concilier le fait de devoir boire deux litres d'eau par jour (pour éviter les infections et les calculs urinaires) et celui de s'abstenir d'ingurgiter un quelconque liquide (pour éviter les fuites urinaires) ? En effet :

– soit la vessie est automatique, réflexe, car il persiste encore une fonction réflexe : c'est le cas des tétraplégies ou paraplégies hautes, dorsales ;
– soit la vessie est flasque, périphérique, autonome : c'est le cas des paraplégies flasques sans persistance des réflexes, donc basses, et des syndromes de la queue de cheval.

Il faut apprendre rapidement à rééduquer la vessie, ce qui devrait être fait à l'hôpital :

– pour les vessies réflexes : provoquer la miction toutes les trois heures. Si l'on attend plus longtemps, il y a des risques de fuites. Cela se fait par la percussion du bas-ventre le plus souvent, ou en grattant la face interne des cuisses. Pour les récalcitrants, le déclenchement peut se faire par stimulation digitale intra-rectale ;
– pour les vessies flasques, il n'existe plus de réflexes, la vidange de la vessie doit se faire :
  • par compression de la paroi abdominale, profondément et vers le bas,

- ou en se contractant de la même façon que pour une défécation.

L'*homme* peut porter, s'il y a des fuites, un collecteur d'urine associé à des bandelettes (ou joints) qui améliorent l'étanchéité. Le collecteur d'urine a pour avantage, même si la vessie est parfaitement rééduquée, de permettre de mener une vie active en étant moins esclave de sa vessie, sans peur des fuites, tout en continuant à vidanger sa vessie régulièrement, mais avec un meilleur confort de vie. Il peut aussi être utilisé ponctuellement lors d'une activité sportive par exemple.

La *femme* a la possibilité de mettre des couches afin d'éviter les fuites.

Certains signes indiquent que la vessie est pleine: bouffées de chaleur, contractures des jambes et du bas-ventre, fourmis dans les jambes, malaise. La miction s'impose alors.

Parfois, certains ne peuvent être rééduqués au niveau vésical et nécessitent la pose d'*une sonde* à demeure, remplacée une ou deux fois par semaine, qu'ils doivent savoir changer eux-mêmes. Le lavage de la vessie a lieu un jour sur deux ou tous les jours par la personne concernée. Aujourd'hui des sondes en silicone peuvent rester en place quatre ou cinq semaines.

Pour *l'homme*, la sonde peut être attachée sur la partie basse de l'abdomen. La verge est ainsi orientée vers le haut, pour ne pas blesser l'urètre pénien.

Pour *la femme*, la sonde peut être fixée à la racine de la cuisse afin de ne pas contaminer la région vulvaire.

Actuellement tout paraplégique traumatique va être éduqué pour apprendre à se sonder lui-même toutes les trois heures (environ 5 à 6 fois par jour). C'est ce qui s'appelle l'autosondage propre intermittent. Les sondes sont stériles et jetées à chaque utilisation. Cette façon de faire permet à l'homme et à la femme d'être continents (de ne pas perdre d'urine) entre les sondages.

Pour tout ce qui concerne les urines se reporter à « Un amour comme tant d'autres ? » de Bernadette Soulier.

La rééducation rectale

Un autre grand problème est celui de la défécation. Tout paraplégique, même s'il ne contrôle pas ses sphincters, peut réussir à contrôler ses émissions de selles :

- par éducation rigide de l'horaire (même heure tous les jours, ou un jour sur deux) ;
- par habitude alimentaire, en éliminant de son régime les aliments qui provoquent diarrhée ou constipation ;
- en prenant tous les jours un laxatif doux par voie orale ;
- par utilisation, à l'heure dite, d'un suppositoire à la glycérine, ou par déclenchement au doigt ganté vaseliné pendant quelques secondes ;
- par le fait de s'installer (si la lésion est située bas) sur la cuvette des W-C, qui elle-même peut être rembourrée pour éviter les escarres. On ne devra pas y rester trop longtemps. Il existe des systèmes de mini-douche intégrée dans la cuvette qui permettent de laver le périnée directement, sans mobilisation supplémentaire. La réintégration du fauteuil se fait par un système de suspension, potence, perroquet, grâce auquel le malade peut s'aider ;
- si quelqu'un s'est laissé constiper, il faudra une évacuation manuelle, par l'introduction de l'index le plus souvent, le malade étant couché sur le côté, en flexion de hanche.

Après avoir demandé leur avis à de nombreux paraplégiques et tétraplégiques, il semblerait que ce soit le kinésithérapeute ou le médecin, aidé de l'aide soignante, qui devraient leur enseigner la rééducation de leur vessie et de leurs intestins.

Éviter les escarres

Les escarres sont des lésions des tissus par hyperpression d'une zone insensible. Si l'on appuie fortement sur une zone, la peau blanchit car la compression des vaisseaux diminue le flux vasculaire. La douleur qui apparaît alors oblige à changer de position, et le sang se remet à circuler normalement. La personne paralysée a une insensibilité de la partie inférieure de son corps ; elle ne ressent pas la douleur au niveau de la zone comprimée et donc ne modifie pas son appui. Les tissus, par manque de vascularisation et d'oxygénation, souffrent et meurent. C'est cette nécrose, superficielle en premier lieu, qui est appelée une escarre. Ensuite, si cette lésion n'est pas traitée elle peut causer de véritables drames avec nécrose profonde, infection, alitement prolongé. Les zones le plus souvent atteintes sont les talons et la région fessière.

Une escarre qui apparaît doit immédiatement être prise au sérieux.

Le premier signe à déceler est la rougeur qui persiste sur la zone de peau sur laquelle la personne est restée en appui prolongé. Ensuite, l'évolution se fait vers la transformation en une zone bleutée, la peau perdant sa souplesse. Cette lésion va s'étendre en largeur et profondeur. Les tissus sous-cutané puis musculaire sont détruits. L'infection a tôt fait de s'installer et de gagner les zones de voisinage comme l'os (ostéite).

Certains facteurs en favorisent l'apparition : une maladie surajoutée, la macération (draps, habits mouillés ou humides), les plis des draps ou des vêtements, une petite infection locale (folliculite, furoncle), une excoriation, une obésité ou une maigreur, une spasticité.

Dès l'apparition du moindre petit signe, il faut agir. Ce qui paraît bénin au stade initial peut devenir un drame quotidien. Si l'on pense qu'il n'est pas encore besoin de s'inquiéter, c'est déjà le moment de prendre les choses en main. L'escarre constituée ne doit plus avoir lieu d'être actuellement chez la personne vigilante.

La base de la prévention est de soulager régulièrement les points de pression et de changer les points d'appuis :

– dans les services d'hospitalisation, les patients doivent très régulièrement, toutes les quatre heures, être retournés, frictionnés, jour et nuit ;
– dès que les personnes peuvent utiliser leur fauteuil roulant, inlassablement il faut leur faire comprendre l'importance de se soulever tous les quarts d'heure sur leur bras pendant vingt secondes. Ceci afin d'améliorer la vascularisation des fesses.

Se sentir responsable de son corps est obligatoire pour éviter la survenue d'une escarre.

L'outil de base est le miroir. Tous les soirs au moment de l'installation pour la nuit et tous les matins il est nécessaire d'aller jeter un coup d'œil sur l'aspect de sa peau fessière et de ses talons.

Si, lors de cette inspection, la personne paraplégique observe une rougeur ou une érosion cutanée qui persiste au niveau fessier, il ne lui faudra se lever sous aucun prétexte jusqu'à guérison. Elle restera allongée sur le ventre ou le côté le temps que tout se normalise.

Au niveau de la rougeur, nettoyer avec un coton imbibé d'hexamédine et sécher ou, mieux, frictionnez à l'eau de cologne et masser alors…

Au niveau de l'érosion cutanée, un curage chirurgical en respectant les conditions rigoureuses d'asepsie est nécessaire, ensuite un rinçage au sérum physiologique, puis la mise en place d'un pansement hydrocolloïde associé ou non à la formule poudre. Ce dernier sera changé tous les deux ou trois jours selon les cas. Il est nécessaire de renouveler fréquemment les prélèvements bactériologiques, même si la lésion paraît saine, afin d'éviter de négliger une infection.

Même si ce régime paraît draconien, il est plus souhaitable que des interventions chirurgicales de nettoyage, des greffes associées à une longue hospitalisation.

Si la lésion est plus étendue, il vaudra mieux la montrer dans un service spécialisé à l'hôpital et la traiter sérieusement avec soin.

Plusieurs éléments matériels peuvent aider à éviter la survenue d'une escarre : les lits de mousses synthétiques, le matelas à eau, les coussins du chariot en gel de silastic, le coussin « orthogel », ou les peaux de mouton.

Il existe des consultations spécialisées pour les escarres, dont, entre autres et en région parisienne, le Service escarres de l'hôpital Poincaré à Garches (92380), tél. 01-47-10-79-00.

L'IMAGE CORPORELLE, LE REGARD DE L'AUTRE

Les deux problèmes essentiels au niveau de la perception du corps mutilé sont :

- la vision personnelle,
- la vision sociale.

La beauté

Dans la perception de ce qui est beau nous ne pouvons dissocier l'affectif de l'empreinte socioculturelle :

- un objet sera beau s'il est entouré d'une relation affective agréable, chaleureuse, s'il est valorisant, si l'éducation, les pressions sociales le font considérer comme tel ;
- un objet sera laid si la relation est froide, distante, s'il est rejetant, méprisant et si la pression socioculturelle le dénigre.

Le beau n'est pas une valeur objective. C'est la façon dont cet objet est intégré dans l'histoire relationnelle qui oriente l'émotion esthétique. « L'élaboration de l'image du corps est basée non seulement sur l'histoire individuelle, mais aussi sur les relations de l'individu avec les autres. Notre histoire intime est aussi l'histoire de nos relations avec autrui. » (P. Schilder, 1968.)

L'impression de beauté est donc le fruit de l'inconscient, de l'imaginaire permettant l'appréciation de l'image symbolique. L'idéal esthétique de chacun semble être particulièrement lié à l'affectif, aux rêves, aux fantasmes, aux images subjectives, à l'histoire émotionnelle du sujet. Il est aussi dû aux formes réelles, objectivables, visibles, à l'influence de facteurs externes à l'individu (la mode, l'empreinte socioculturelle). Les deux visions, objective et subjective, se croisent, se complètent ou se superposent.

L'aspect visible extérieurement ne doit pas être sous-estimé et doit être pris en considération pour comprendre les sentiments de dévalorisation d'un malade. « Notre propre beauté ou laideur figurera non seulement dans l'image que nous avons de nous-même mais aussi dans celle que les autres ont de nous, et qui nous sera renvoyée. Beauté et laideur sont des phénomènes sociaux d'une importance capitale. » (P. Schilder, 1968.)

Le préjudice esthétique jugé par le médecin expert est difficile à apprécier, peut-être à cause des normes établies, ainsi que l'écrit G. Le Foyer de Costil cité par B. Cordier (1991) : « L'atteinte esthétique d'un être humain est difficile à décrire et difficile à apprécier parce qu'elle est doublement subjective pour la victime d'une part, qui souffre plus ou moins de ce désagrément, pour le médecin ou le juge d'autre part, qui attachent plus ou moins de prix à l'esthétique, ne serait-ce que par référence. »

Affronter la rue

Une fois que la personne invalide commence à s'adapter à son nouvel état et qu'elle commence à se regarder sans se haïr, elle va se heurter lors des premières sorties au regard de l'autre. Ce passage est une rude épreuve à traverser et malheureusement il se renouvelle sans cesse. Les personnes croisées ressentent un malaise, une gêne, de la honte, et baissent les yeux, détournent le regard. Elles ne savent comment réagir pour se soustraire à ce qui les perturbe elles-mêmes, sans qu'il y ait pour cela de méchanceté dans cette façon de faire. « La difficulté de l'autre, face à la personne handicapée, est exprimée comme une difficulté à savoir comment se comporter. » (J-L. Simon, 1991.)

Le handicap, ce sont les autres surtout, c'est-à-dire leurs yeux, leurs regards, leurs questions, qui le révèlent de façon aiguë, tous les jours, plusieurs fois par jour. Il est difficile au début de se déplacer en ville, de ne pas tenir compte du regard fuyant des autres, de répondre gentiment à leurs questions sur le pourquoi du fauteuil. Il est difficile d'accepter les réflexions de pitié, de compassion, d'excessive serviabilité, sans exprimer d'agacement; d'accepter au travers de leur regard d'être déchu de ce que l'on avait pu être.

Je n'irai pas jusqu'à dire que « l'enfer, c'est les autres », mais c'est le regard des autres qui rappelle comme un bistouri électrique les marques auxquelles justement l'on ne pensait plus; « Le regard fasciné par le défaut dont ils ne peuvent se détourner. » (A.-M. Rajon, 1991.)

Vous qui pensez n'être plus tout à fait quelqu'un, vous qui avez encore l'impression de n'exister qu'à moitié, qui cherchez de l'aide dans le regard de l'autre, ces yeux intimidés qui se détournent vous griffent le visage quand vous vous déplacez à l'extérieur. Ces gens dans la rue ne vous laissent qu'un goût amer sur votre intégrité corporelle.

On n'ose plus croiser votre regard; vous pouvez lever les yeux, tenter de forcer le destin, c'est inutile. Il en naît le désir de rentrer vous blottir dans votre cocon et de faire volte-face le plus rapidement possible pour vérifier dans votre miroir qu'aucune anomalie supplémentaire n'est apparue. Mais non, rien de nouveau n'est là. « Ce regard de réassurance est recherché avec avidité par une personne qui sort d'un hôpital de rééducation, dans un corps qu'elle ne reconnaît plus, un corps qui n'est à cet instant qu'un corps de souffrance. Ce regard de l'autre, de nombreuses personnes handicapées le condamnent, parce qu'il exprime souvent la gêne et l'angoisse du premier instant, alors qu'elles y recherchent, comme nous tous, une réassurance de leur intégrité menacée. Capter le regard de quelqu'un […], c'est dans cette recherche d'interaction, de communication, d'échanges, que les personnes handicapées font leur expérience du regard détourné, apeuré, troublé, gêné. Ils cherchent la réassurance et ils ne trouvent que le trouble, miroir de leur propre trouble interne et physique ! » (J.-L. Simon, 1991.)

Pourtant il faut apprendre à faire abstraction de tous ces gens qui n'ont pas appris à savoir comment se comporter, qui n'ont pas de personne handicapée dans leur entourage. Vous-même vous avez eu des difficultés à vous accepter et à vous reconnaître dans ce nouvel état ; eux n'ont pas eu le temps de faire cet apprentissage. Mais vous-même, quand quelqu'un glisse sur le trottoir et, déséquilibré, manque de tomber, vous regardez… Ne le niez pas. Celui-là qui a mis un chapeau jaune, et celle-là avec son tailleur qui brille, vous vous retournez en trouvant que c'est bien original. Ce n'est pas par méchanceté que vous l'avez fait, mais par curiosité. Parce que dans la rue, parfois, tout est commun, tout est banal, il n'y a rien à voir et vous avancez tête baissée. Mais soudain il y a un fauteuil qui roule, assez vite même. Alors les gens se retournent, veulent voir comment il fait pour aller si vite ; mais en même temps ils pensent qu'ils pourraient eux aussi être là, à votre place. Ils ont un grand frisson de peur, de gêne d'avoir regardé ainsi, et baissent les yeux, honteux et confus, en pensant que c'est une personne qui est assise ; mais surtout ils pensent : « Pourvu que cela ne m'arrive jamais ! » Vous qui avez passé plusieurs jours ou plusieurs mois à l'hôpital, vous avez eu le temps de commencer à vous habituer mais eux, brutalement, ils y pensent... Il est normal qu'ils soient alors mal à l'aise, qu'ils ne sachent comment réagir.

C'est à vous de savoir dépasser cette nouvelle étape. À vous de penser : ma vie doit être comme je pense pouvoir la vivre. Si je veux me promener, je sors. Ce que peuvent penser les autres, ce n'est pas mon problème. Chacun regarde ou non ce qu'il veut. Leurs regards, ou leur absence de regards, ne m'empêcheront pas de vivre. Mon besoin de réassurance narcissique, de valorisation, je le chercherai ailleurs. Mes amis, ma famille, mon activité professionnelle, mes divertissements (musique, peinture, sculpture, association) peuvent m'aider à me restructurer, à reprendre confiance en ma valeur profonde. Les inconnus du dehors, je ne les connais pas, je ne sais pas leur propre valeur, alors pourquoi chercher à être reconnu d'eux, ou pourquoi être touché par leur regard ?

Certains pourtant, comme Marguerite, préfèrent rester entre eux et ne plus sortir. « Je me sens plus à l'aise avec des gens comme moi, handicapés, parce qu'on peut discuter de nos problèmes, nous avons les mêmes, et c'est beaucoup plus facile de discuter avec des personnes handicapées qu'avec des gens valides, qui ne comprennent pas toujours nos problèmes. » J.-L. Simon (1989) explique ce désir de vouloir côtoyer des gens comme elle, handicapés, c'est-à-dire « en qui elle peut s'identifier et se projeter, en qui elle peut se reconnaître, se re-trouver, à l'opposé des gens valides qui lui renvoient l'angoisse de morcellement qu'ils retrouvent en face de leur corps ».

Le valide joue le rôle d'un miroir qui reflète à la personne paraplégique une image dévalorisée d'elle-même. Il est nécessaire de savoir mettre un voile qui estompe le reflet pour apprendre plus facilement à ne pas se laisser enfermer dans sa solitude.

Le vêtement, la coiffure et le maquillage

Lorsque nous rencontrons une personne pour la première fois, nos impressions sont dans un premier temps influencées par l'aspect extérieur. « L'aspect physique et l'image du corps sont les facteurs déterminants qui attirent ou repoussent les interactants lors du premier contact. » (J.-L. Simon, 1991.) L'aspect que l'on donne de soi est à soigner pour soi-même mais également pour l'image que l'on présente à l'autre. Bien entendu, le handicap reste visible. Tout le monde le notera au moins une fois, au fond de lui, en vous rencontrant. Mais au delà du fauteuil, ce qui se voit le plus, c'est ce que vous voulez montrer de vous.

Le vêtement permet de cacher les blessures narcissiques. « Dès que nous mettons un vêtement quelconque, il s'intègre immédiatement dans l'image du corps et se remplit de libido narcissique. » (P. Schilder, 1968.) Petit à petit ces blessures sont oubliées, n'étant plus visibles à l'œil. Le jean, le tee-shirt, les chaussures camouflent une réalité trop dure. Devenir « monsieur tout le monde » pour la journée, n'est-ce pas le sentiment que ressentent alors les personnes aux jambes trop maigres sur leurs fauteuil ou celles qui sont marquées par la chimiothérapie ? Les vêtements, les perruques deviennent les béquilles d'une vie sociale. Par ces artifices, l'image même de notre corps est modifiée. « Le vêtement est apparence, mais il est aussi appartenance, deuxième peau, révélateur de la psychologie de son porteur. [...] Dans sa structure même, le vêtement a une double face, l'une tournée vers l'intérieur, esthétique, en relation immédiate avec le corps, l'autre offerte au regard, voyante, participant à la rencontre et au champ social. » (P. Cauvin, 1991.) Le vêtement nous permet de mettre à jour une part de nous-même, part de la vie relationnelle que nous voulons bien partager.

« Dans la mesure où les vêtements font partie du schéma corporel, ils deviennent tout aussi signifiants que les autres parties du corps et peuvent avoir la même signification symbolique. Nos vêtements nous servent aussi à nous identifier aux autres : par leur intermédiaire nous devenons comme les autres. En imitant leur façon de s'habiller, nous changeons l'image posturale que nous avons de notre corps en acquérant la leur. » (P. Schilder, 1968.)

Être accepté physiquement par les autres est plus aisé grâce au vêtement : il permet en effet de devenir neutre, camoufle les disgrâces et aide à s'admettre plus facilement. Ce n'est pas là politique de l'autruche se cachant la réalité : le soir, seul dans sa chambre, en se déshabillant, les séquelles sont là. Elles sont bien présentes, se jetant à votre gorge comme un loup qui vous dévore. Qui songerait à éteindre la lumière ? Seul, le malade s'observe. Le dernier cheveu est tombé, les jambes deviennent squelette, les cicatrices s'hypertrophient, ce moignon qui dépasse ne repoussera-t-il donc jamais ? Même haï, il est obligatoirement sujet d'attention constante. Il faut s'occuper tous les jours du moignon afin d'éviter l'escarre et de pouvoir continuer à mettre sa prothèse. Il faut tous les jours laver, désinfecter, couvrir, protéger, surprotéger ces plaies qui révulsent, que l'on voudrait mutiler, dépecer, déchiqueter, oublier. Le soir, la nuit, le matin, il faudra apprendre à accepter, à prendre sur soi, à regarder en face, à apprivoiser cette nouvelle image de soi. Convenir de faire le deuil du passé, et repartir différemment.

L'habit camouflage a le double intérêt de permettre d'accepter sa propre image corporelle, et d'un point de vue relationnel de ne pas infliger aux autres d'emblée une image difficile de son corps. « L'apparence, comme le vêtement dans sa fonction culturelle et sociale, aide à composer un personnage: changer de toilette, de coiffure, ou de tête, de peau « pour ne plus être le même », dans le déguisement, le travestissement. L'apparence, si elle n'est pas usurpée traduirait au dehors ce qu'on est au dedans. » (M.-F. Lollini, 1990.)

La marque corporelle indélébile. Le travail de deuil

Le soignant et l'entourage doivent aider à remettre en place et à stabiliser le narcissisme détérioré des personnes handicapées, qui passent obligatoirement par une souffrance intense. Insister sur le fait que les malades connaissant une modification de leur aspect extérieur n'ont pas de honte à avoir. La honte est souvent liée à la maladie physique: ne plus être comme avant, comme les autres, mettre plus de temps à faire les choses. Et alors? Leur dire que les personnes qui les regardent dans la rue s'en moquent; elles regardent l'image parce qu'elle passe, mais n'y pensent plus la seconde qui suit. Est-ce pour toutes ces personnes qu'ils doivent ressentir de la honte?

Leur dire qu'ils doivent savoir se regarder, analyser ce qui ne va pas, et chercher comment le compenser. Une personne paraplégique explique: « Il apparaît que la réappropriation de son corps, de sa propre image dans l'estime de soi est la première étape indispensable à chacun. Elle est plus ou moins longue et s'attache à l'histoire et au cheminement personnel dans sa capacité à faire le deuil d'une vie antérieure avec son debout, assis. » (*Le point carré*, 1990.)

Ils doivent connaître ce à quoi il leur faudra renoncer, afin de mieux trouver des compensations, regarder leur maladie de haut, et enfin pouvoir faire de l'humour sur eux-mêmes, possible uniquement quand un certain degré d'acceptation est atteint. Les aider à trouver ce qui pourrait leur donner autant de plaisir que ce qu'ils doivent abandonner, un but qui pourrait les valoriser. Il faut les aider à foncer, les encourager, les inciter à s'investir. Le soignant doit être là pour rassurer, sécuriser puis... dynamiser, donner l'envol, tout en n'oubliant pas qu'il n'a pas à porter le fardeau ou à vouloir avancer pour l'autre, à la place de l'autre : « On ne peut pas alléger la valise du voisin, mais l'aider à se faire du muscle. » (P. Letarte, 1991.)

Vouloir reprendre la vie en cherchant à retrouver son image antérieure à la maladie est une erreur. Vouloir retrouver son identité perdue, ressembler à celui-là, retrouver une perfection, un idéal, est une façon de vouloir éliminer de ses pensées un événement grave, percutant, qui a ébranlé l'individu. Or ce qui a été vécu est présent : rien, jamais, ne pourra l'effacer, le gommer. Il est nécessaire, lors d'une discussion avec une personne limitée physiquement qui ne peut admettre son handicap, sa maladie, d'expliquer la déraison de cette pensée. « La honte est provoquée par la sensation de poids et de malveillance du regard des autres sur soi et par l'effet qu'on imagine faire sur les autres. » (M.-F. Lollini, 1990.)

La façon dont une personne se voit dans le miroir c'est aussi la manière dont elle sera regardée. Si elle s'accepte, les autres alors l'accueilleront facilement. Le véritable miroir est en réalité l'autre en ce que nous imaginons qu'il peut penser de nous. « Nous construisons le corps de nos semblables un peu comme un tableau imaginaire, comme une image onirique. L'image du corps telle qu'elle se prolonge dans le rêve et le fantasme a par conséquent beaucoup de points communs avec ce que nous percevons dans le réel. » (P. Schilder, 1968.)

Faire abstraction des mutilations, dans la vie de tous les jours, permet aussi à l'entourage « d'oublier » la maladie. Il faut savoir expliquer que la beauté n'est pas tout ce que l'on peut voir d'elle. La beauté objective ouvre des portes mais elle ne suffit pas. Dans l'amitié, l'amour, le travail, c'est la valeur humaine, la compétence, qui importent fondamentalement.

Cependant, par notre attitude, notre écoute, le patient doit bien comprendre que nous prenons en considération sa détresse dans la perte ou la modification de sa beauté et donc également son sentiment de dévalorisation.

– *Œdipe roi* : Quel était donc mon mal, quand tu m'as recueilli en pareille détresse ?

– *Le Corinthien* : Tes pieds pourraient sans doute en témoigner encore... C'est moi qui dégageai tes deux pieds transpercés.

– *Œdipe* : Dieu ! Quelle étrange honte autour de mon berceau.

R. Puyuelo (1985) analyse ce passage d'*Œdipe-roi*, écrit par Sophocle : « Cette marque corporelle, ce tatouage, cette écriture, ce nombril vient là témoigner du souvenir absent. »

Quand la personne invalide pleure son corps perdu, intègre, vierge de cicatrice ou de lésion, nous pouvons l'écouter et avancer une explication pour éclaircir la situation. Elle ne peut faire le deuil que demande sa pathologie parce qu'elle voudrait réhabiter son corps antérieur. Or ces marques, ces jambes paralysées, sont des tatouages de son passé. La blessure narcissique est définitive. Il est inutile de vouloir gommer l'encre indélébile : il persistera toujours l'empreinte de la souffrance.

Faire le travail symbolique du deuil, c'est intégrer, digérer, pour enfin accepter. Non pas subir, être passif, mais accepter que le temps ait changé la tournure de la vie. « C'est mettre un nom, un rêve, un symbole, une image à la place de l'objet perdu. » (S. Freud, 1989.) Il faudra tenir compte du temps, thérapeute idéal, pour aider au travail de deuil, pour aider à dépasser les réactions psychologiques de dépression réactionnelle, de décompensation névrotique, les troubles du caractère dus au préjudice.

« Dans les associations de personnes handicapées et les institutions spécialisées, [...] contacts et identification avec ses semblables sont [pour le sujet] des étapes indispensables à sa réhabilitation. Celui-ci a en effet le besoin de se sentir solidaire, de s'identifier, de se projeter et de se re-connaître autre que ce qu'il était, autre que les valides, mais identique à d'autres. C'est une étape qui, bien que souvent indispensable, est difficile à accepter pour la personne invalidée en cours de vie ; comment puis-je ressembler à ces personnes dont l'image sociale se résume en termes d'incapacité et de déficience ? » (J.-L. Simon, 1991.)

Des stages de communication, d'affirmation de soi avec un travail de jeux de rôles et de renforcement positif de valeurs autres que le physique peuvent considérablement aider à s'accepter. La demande est un désir de retrouver une image de corps qui ne dépare pas. Il est nécessaire sans cesse de restaurer le narcissisme blessé afin de réhabiliter une meilleure image de soi-même, ce qui aura pour conséquence d'améliorer le jugement de l'autre. Le travail de groupe est particulièrement bien adapté : il permet de rejouer la société et son regard ; il permet d'adoucir la perception que le sujet ressent de son propre corps en restaurant une image adaptée qu'il apprend à se construire. L'intérêt est de remettre à neuf un moi épanoui qui est actuellement déstructuré et faible, car entraîné dans une dépression dévalorisante dans tous les domaines. Le travail dans ce cadre aide le patient à passer le cap de la honte d'être remarqué, observé, commenté. Il vient panser les blessures narcissiques. Une fois cela accepté, la vie sociale peut alors reprendre plus facilement.

2

Physiologie

QUELQUES EXPLICATIONS

La colonne vertébrale comprend de haut en bas :

- sept vertèbres cervicales C1, C2, C3.... C7,
- douze vertèbres dorsales D1.... D12,
- cinq vertèbres lombaires L1... L5,
- le sacrum,
- le coccyx,
- les racines sacrées qui comprennent les centres sacrés médullaires.

Une atteinte de la moelle dans la région cervicale entraîne une paralysie du tronc et des quatre membres. Une atteinte dorsale moyenne paralyse les deux membres inférieurs et le

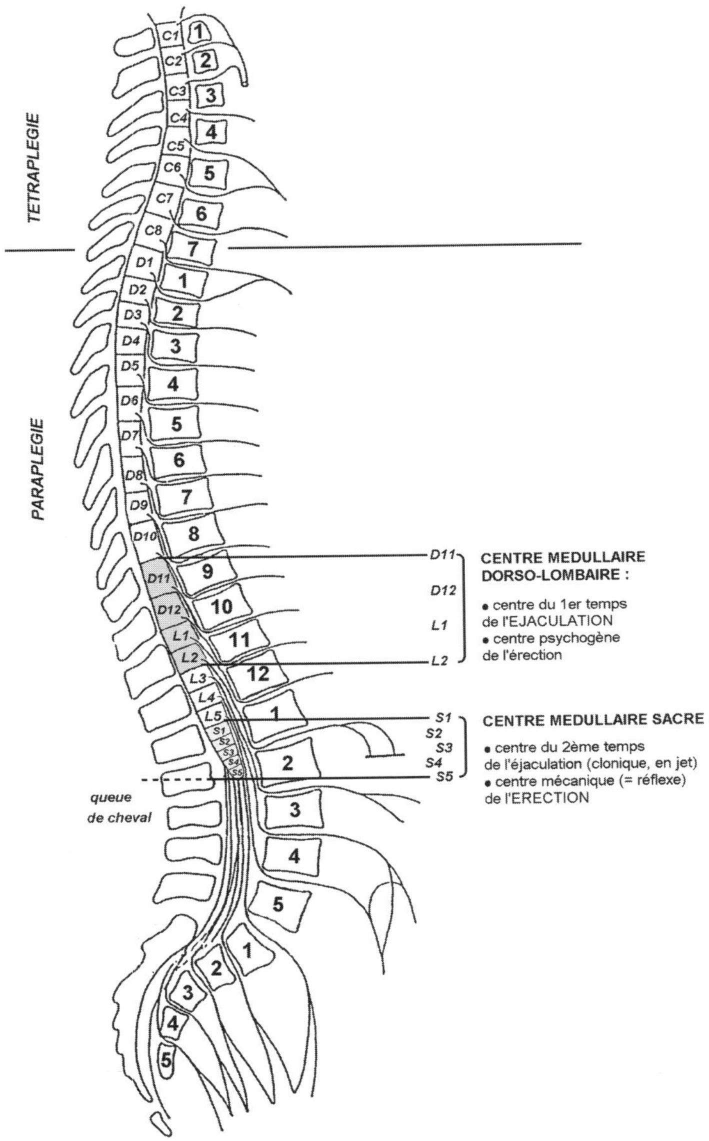

Les deux centres médullaires responsables des manifestations sexuelles chez l'homme et chez la femme

tronc à partir des seins. Une atteinte dorso-lombaire provoque une paralysie des deux membres inférieurs à partir de la racine des cuisses. Que ce soit chez l'homme ou chez la femme, les dommages et les troubles consécutifs à une lésion diffèrent selon le niveau de celle-ci.

Par définition :

- la tétraplégie concerne les lésions médullaires de C1 à C8 ;
- la paraplégie concerne les lésions médullaires comprises entre D1 et S5, c'est à dire les lésions dorsales, lombaires et sacrées, comprenant le cône médullaire ;
- le syndrome de la queue de cheval concerne les lésions en dessous de S5.

En matière de paraplégie ou de tétraplégie, quand on parle d'un niveau lésionnel, on considère que la moelle épinière est abîmée, sectionnée ou comprimée à une certaine hauteur de la colonne vertébrale. Mais la lésion porte une numérotation qui ne correspond pas à celle des vertèbres qui l'entourent. C'est pourquoi il existe une certaine confusion au début pour qui cherche à comprendre les atteintes retrouvées en fonction du lieu de fracture. Donc de façon générale, quand on dit par exemple qu'il existe une lésion D11, c'est une atteinte du 11e niveau de la moelle épinière Dorsale, ce qui correspond à peu près à un écrasement osseux de la 9e vertèbre dorsale (voir schéma).

Schématiquement, pour l'homme comme pour la femme, les manifestations de l'excitation sexuelle (érection du pénis ou du clitoris, lubrification vaginale et gonflement vulvaire) sont provoqués par deux phénomènes différents imbriqués. Ce sont **l'excitation mécanique (ou réflexe) et l'excitation psychogène**.

La stimulation mécanique (ou réflexe) est provoquée par la masturbation, le toucher, les caresses, la toilette des zones génitales, la défécation. Et la stimulation psychogène induit l'excitation sexuelle par la vision d'images ou films sensuels ou érotiques, en parlant sexualité, en sentant des odeurs, en entendant des sons, en faisant courir son imaginaire.

Dans les explications suivantes sur les atteintes en fonction du niveau lésionnel, **on considère une atteinte complète de la moelle pour permettre schématiquement de se repérer**. Or, dans la réalité les atteintes sont souvent incomplètes donnant des tableaux extrêmement variés dans un sens plus positif et il ne faut donc pas s'attacher démesurément à ces données physiologiques et surtout ne pas se projeter massivement dans les cas de figures suivantes d'autant que la vie de couple intègre de nombreuses données autres que la physiologie.

Physiologie des troubles sexuels de l'homme

L'érection réflexe (ou mécanique) nécessite l'intégrité des centres sacrés médullaires S2 S3 S4 et dans une moindre mesure des centres dorso-lombaires de D11 à L2.

L'érection psychogène nécessite l'intégrité des centres médullaires dorso-lombaires allant de D11à L2.

L'érection est plus facilement obtenue quand la lésion médullaire est incomplète que quand elle est complète. De même l'érection sera plus fréquente et de meilleure qualité si la lésion est haute (cervicale) plutôt que basse (lombaire et sacrée). La possibilité d'avoir des érections augmente tout au long de la première année après l'accident. Il est donc nécessaire de patienter avant de vouloir porter un pronostic.

Toutes les érections ne pourront pas forcément permettre un rapport sexuel avec pénétration. P. Denys *et al.* (1996) retrouvent que, sans aide médicalisée, tous niveaux lésionnels confondus, 50 % des hommes peuvent avoir une érection qui permet un rapport sexuel.

L'éjaculation nécessite l'intégrité du centre médullaire responsable du 1er temps de l'éjaculation D12L2. Si l'atteinte lésionnelle concerne ce centre l'éjaculation n'est plus possible.

Lésion haute [1]

La limite inférieure est au-dessus de D11 (tétraplégie et paraplégie hautes avec le centre sacré intact. Le centre dorso-lombaire étant ou non atteint).

• *Niveau lésionnel entre C1 et D7*

– ***l'érection* est mécanique (réflexe)** proche de la normale et peut être mixte si le centre dorso-lombaire n'est pas touché. Elle n'est pas perçue par le patient;

– le déclenchement est facile par des stimulations locales comme la masturbation et peut survenir de façon inattendue par exemple lors de la toilette du gland, des membres inférieurs ou du sondage;

– *l'érection est de bonne qualité* et se maintient tout le temps de la stimulation. Elle concerne les corps caverneux et le gland. Plus la lésion médullaire est haute et plus l'érection est facile à obtenir;

1. D'après P.-A. Chapelle 1981.

- les *rapports sexuels* sont possibles mais la détumescence est plus ou moins rapide après l'intromission intra-vaginale ;
- l'*éjaculation* n'est pas contrôlable, ni prévisible. Elle est habituelle en jet, le sperme étant expulsé de façon rythmique. Elle devrait être physiologiquement possible, mais le manque de sensation empêche de passer facilement au stade de l'orgasme, ce qui la rend souvent longue à venir. En fait, peu d'hommes ont des éjaculations.

L'*orgasme* n'est pas ressenti et il peut s'accompagner de phénomène d'hyperréflexie autonome chez les sujets présentant des lésions supérieures à D6. La première éjaculation, après la lésion, est accompagnée d'une sensation d'étau intra-thoracique ou abdominale avec céphalée, sueurs, nausées associées ou non à des vomissements, phénomène qui disparaît avec la répétition des éjaculations. Elle est de type clonique en jet comparable à celle de l'homme sain.

Après l'orgasme il y a une nette sédation des contractures sous-lésionnelles, durant quelques heures.

Éjaculation et érection ne peuvent être réitérées durant quelques heures à quelques jours.

Lésion de D8 à D11 (E-L. Paulin, 1998)

Si les centres sacrés S2S3S4 sont en sous-lésionnels (respectés), **l'érection est mixte**, à la fois réflexe et psychogène **à prédominance psychogène**. Elle est déclenchée par le désir sexuel et entretenue par la stimulation de la partenaire ou la masturbation. La verge est molle et le gland est mou. Sa durée est variable, vaguement perçue par l'homme et l'intromission vaginale est de mauvaise qualité.

Lésion intermédiaire. Niveau lésionnel D12 L1 [1]

Lorsque le centre sacré est sous la lésion,

- **l'érection est réflexe**,
- l'éjaculation est très difficile voire impossible,
- l'orgasme n'est pas ressenti.

Lorsque le centre sacré est atteint (le syndrome lésionnel s'étend alors à tout le cône médullaire terminal), il n'y a ni érection, ni éjaculation, ni possibilité d'activité sexuelle par intromission vaginale.

Lésion basse. La lésion est située sous L1-L2 [2]

Le choc spinal : il est très long, pouvant durer de deux à cinq ans (A. Leriche, 1981).

• *Lorsque le centre sacré est intact, l'atteinte se situant entre les deux centres médullaires de L2 à S1*

Cette situation est rare parce que les limites supérieures ou inférieures du syndrome lésionnel touchent souvent l'un des deux centres médullaires.

- ***L'érection*** **est mixte (réflexe et psychogène)**. Elle est perçue sensiblement comme le besoin d'uriner ;
- La *qualité* est moins bonne que dans l'érection réflexe ;
- Les *érections nocturnes* existent ;
- Les *rapports sexuels* sont possibles dans la moitié des cas ;
- La sensibilité testiculaire est préservée ;

---

1. D'après O. Dizien, 1992.
2. D'après O. Dizien, 1992.

– L'*éjaculation* est possible, précoce, baveuse ;
– L'*orgasme* donne une sensation rappelant celle d'autrefois mais émoussée, atténuée, souvent accompagnée d'une sensation douloureuse à la face antérieure des cuisses.

• *Lorsque le centre sacré est situé en territoire lésionnel.* La lésion se limite à la région sacrée de la moelle épinière, on l'appelle : *lésion du cône médullaire*

– ***L'érection est psychogène*** ;
– La *qualité* est mauvaise (simple tumescence de la verge de brève durée) ;
– Les enregistrements nocturnes phlétismographiques ne retrouvent pas d'*érections nocturnes* ;
– Les *rapports sexuels* peuvent être réalisables ;
– La sensibilité testiculaire est préservée ;
– L'*éjaculation* est « baveuse ». L'émission de sperme peut être associée à l'érection. Aussi, ces hommes se plaignent en consultation de troubles d'éjaculation précoce qui dans ce cas sont organiques (F. Courtois *et al.*, 1994) ;
– L'*orgasme* est émoussé.

Lésion très basse en dessous du centre sacré médullaire, sous S5 : Syndrome de la queue de cheval

– *L'érection.* Le centre sacré est atteint supprimant l'érection réflexe. Le centre dorso-lombaire peut être atteint si la lésion est à la limite supérieure de la queue de cheval donc l'érection psychogène est absente. Lors de lésion moyenne ou basse de la queue de cheval, l'érection psychogène peut être conservée ;

– *Les érections nocturnes sont absentes* (elles nécessitent la présence d'une activité sacrée) ;
– Préservation de la sensibilité testiculaire ;
– *L'éjaculation*. Elle est baveuse, non clonique ;
– *L'orgasme*. Sa perception est émoussée quand l'atteinte sacrée est massive.

PHYSIOLOGIE DES TROUBLES SEXUELS DE LA FEMME [1]

Le niveau de l'atteinte médullaire sur la colonne vertébrale conditionne les possibilités physiologiques de réaction aux stimulations sexuelles. Cela concerne la sensibilité des organes génitaux externes (vulve avec ses grandes et petites lèvres, clitoris, pourtour du vagin) et des organes génitaux internes (vagin, col de l'utérus et utérus), l'excitation sexuelle (gonflement des seins, du vagin, sécrétion vaginale, érection du clitoris) et la perception de l'orgasme (clitoridien, vaginal, anal).

Ici encore, on considère les lésions complètes pour faciliter la compréhension, mais il ne faut surtout pas vouloir se projeter massivement dans ces descriptions. Chaque individu est unique et réagit différemment, les lésions sont le plus souvent incomplètes transformant les réactions décrites. De plus, il peut y avoir des récupérations durant les premières années suivant le traumatisme.

Pour l'homme comme pour la femme, il est répertorié sur une carte les territoires d'innervation sensitif S1, S2, S3, S4, S5 des organes génitaux externes.

1. À partir d'une synthèse de la littérature des articles de B. Perrouin-Verbe et M.-L. Sipski.

Lésions hautes supérieures à D10D12 (tétraplégie et paraplégie haute)

Il existe une perte complète de la sensibilité des organes génitaux internes et externes.

L'érection du clitoris, la tuméfaction de la vulve, la congestion du vagin et la lubrification ont lieu **après stimulation mécanique** (caresses sexuelles, pénétration), si le centre sacré est intact.

La stimulation psychogène (visuelle, auditive, fantasme...) n'est plus efficace.

Dans les lésions supérieures à D6, il existe un risque d'Hyper Réflexie Autonome (HRA) qui semble principalement lié à la pénétration. La tension génitale est ici perçue.

Lésions intermédiaires situées entre D11et L2

La perte de la sensibilité ne concernerait que les organes génitaux externes.

Il existe un déficit de lubrification que ce soit par stimulation mécanique ou psychogène.

La sensation de tension génitale serait perçue de façon émoussée.

Les lésions basses situées sous le centre dorso-lombaire entre L3 et S5

Dès que le niveau S2 est atteint, l'insensibilité des organes génitaux externes et du vagin est complète. Le périné est hypotonique.

Les sécrétions vaginales sont psychogènes, mais peu importantes. Pas de sécrétions vaginales d'origine mécanique;

Les lésions très basses en dessous de S5 : syndrome de la queue de cheval

Elles sont dues à une fracture traumatique du bassin, des vertèbres lombaires ou du sacrum ou à la complication d'une pathologie du disque lombo-sacré. La personne peut avoir une certaine mobilité des jambes ou peut marcher.

Il existe une anesthésie des organes génitaux externes (périnée hypotonique), mais une persistance de la sensibilité des organes génitaux internes au niveau du col de l'utérus.

Il persiste la possibilité de stimulation **psychogène et réflexe** si le centre sacré n'est pas atteint.

En revanche si le centre sacré est atteint il ne persiste que la possibilité de stimulation **psychogène**.

Lors de la phase d'excitation sexuelle, le clitoris n'entre pas en érection et il n'y a pas de lubrification lors des caresses sexuelles. En revanche, des sécrétions vaginales psychogènes peuvent avoir lieu mais le plus souvent de façon insuffisante.

La sensation de tension génitale serait perçue de façon très émoussée.

L'orgasme est perçu de façon émoussé. Certaines vivent de vrais orgasmes vaginaux.

Après, la femme ressent très fréquemment une diminution des contractures, l'apaisement et le bien-être habituels.

Environ 50 % des femmes para ou tétraplégiques, tous niveaux lésionnels confondus, vivent l'orgasme.

K. Charvier en 2001 nous explique que dans les lésions hautes avec atteinte des centres S2S3S4, il existe, sur le plan somatique, sur le plan des racines médullaires, une anesthésie complète des organes génitaux externes et internes. Le testing vaginal, anal, de la vulve, ne retrouve pas de sensibilité. Le vagin est innervé par des branches sacrées. Cependant le fond de l'utérus serait innervé par des branches du vague. Or ces branches viennent de très haut, ce qui expliquerait pourquoi certaines femmes ayant des lésions complètes puissent ressentir des sensations orgasmiques, grâce à l'innervation du vague, déclenchées par des stimulations locales.

Donc, même si les centres sacrés sont atteints la sensibilité du fond de l'utérus persiste sous une certaine forme. Lors de stimulation du fond du vagin par le coït par exemple, même si la femme ne sent pas la pénétration, lors des mouvements de va et vient, il peut y avoir un engorgement vaginal, des sécrétions vaginales, des contractions de l'utérus déclenchant les sensations orgasmiques via le vague. C'est l'hypothèse actuelle provenant des américains qui offrirait aux femmes une voie de plaisir en plus qui pourrait augmenter les possibilités de compensations.

Si on faisait des photophléthismographie endovaginale chez la femme blessée médullaire comme on a fait des phlétismographies chez l'homme blessé médullaire, on arriverait à montrer que la lubrification se fait qu'elle soit sentie ou qu'elle ne soit pas sentie, comme l'homme a une érection réflexe qu'il ne sent pas…

Les réflexes: ils permettent de retrouver la limite inférieure du syndrome lésionnel. L'exploration du centre médullaire sacré S2 S3 S4 renseigne sur la sensibilité génitale:

- le réflexe de Rossino ou flexion des orteils en réponse à la percussion de la face plantaire de la deuxième phalange reflète l'activité de S2;

- le réflexe bulbo caverneux en effleurant le clitoris reflète l'activité de S3 ;
- le réflexe anal reflète l'activité de S4. Les petites lèvres et grandes lèvres sont au niveau S3 S4 ;
- le vagin est de niveau S3 à S6. « Le toucher peut retrouver une sensibilité uniquement au fond vaginal et quand le doigt remue, alors que les organes génitaux externes sont complètement anesthésiés. » (M. Maury, 1981.)

3

L'information sexuelle

Lors de la paraplégie, il n'existe plus de sensation de la région génitale ou celle-ci est modifiée. L'homme n'a plus d'érection ou, s'il existe une érection réflexe, elle ne répond plus aux mêmes stimulations. L'angoisse que cela engendre est profonde. Il n'est pas facile de parler de ce sujet pour de multiples raisons, mais également parce qu'après un accident on est hospitalisé pour soigner le plus pressé, dont les fonctions vitales, cardiaques, respiratoires… Va-t-on oser parler de nos inquiétudes sexuelles ? Ou la question est-elle déplacée par rapport à la gravité de la situation orthopédique ?

« La quasi-totalité des traumatismes de la moelle épinière qui provoquent les paraplégies ne rendent radicalement impossible ni le fonctionnement des organes sexuels ni la procréation chez l'homme (érection, éjaculation peuvent demeurer possible) comme chez la femme (la lubrification et les modifications des organes se produisent) même si ce fonctionnement est devenu insensible ; et il est sans doute encore plus utile de comprendre grâce aux explications d'une personne compétente qu'il est possible de construire une sexualité équilibrée et heureuse en dehors du schéma classique du coït, plaisir et orgasme pouvant être obtenus à partir d'autres zones que celles des organes sexuels lorsque ceux-ci sont privés de sensibilité par le handicap. » (P. Leterrier, 1989.)

Besoin de verbaliser

P. Segal (1977) écrit : « Au fil des conversations, quels que soient les détours empruntés, on en arrive à ce qui les mine au plus profond : que peut être leur devenir amoureux ? C'est leur hantise secrète. Ainsi tous ont répondu à une enquête en disant qu'il préféreraient retrouver leurs fonctions sexuelles avant l'usage de leurs jambes. Mais comme il est difficile de répondre à leur attente nourrie d'angoisse. Je sais qu'il faut oser leur parler de ces problèmes parce que mon expérience m'a appris ce qui n'est dans aucun traité de soins. » Une étude concernant les hommes blessés médullaires réalisée par C. Breslin (1971), citée par T. M. Cole *et al.* (1973), montre que ceux-ci sont davantage affligés par la perte de leurs possibilités sexuelles que par la perte de leurs jambes. Ils préféreraient retrouver leurs possibilités sexuelles avant celles de leurs jambes.

J'ai toujours prévenu les personnes paraplégiques qu'elles ne sont *pas obligées* de répondre aux questions que je voulais leur poser au sujet de leur sexualité. Curieusement, aucune n'a esquivé la question, et, au contraire, toutes m'ont dit qu'elles étaient *heureuses de pouvoir enfin parler* de ce sujet.

T. M. Cole *et al.* (1973) notent que les paraplégiques, lors des ateliers de discussion, non seulement parlent *avec intérêt* de leur sexualité, mais en plus semblent capables d'apporter des éléments d'une façon plus directe et plus tolérante que les personnes valides. Ceci, je le constaterai également. Devant une certaine mort d'eux-mêmes le jour du traumatisme, il a fallu qu'ils acceptent de vivre d'une autre façon. C'est l'obligation de faire émerger des valeurs inconnues ou inutilisées jusqu'alors. Vivre les oblige donc à une restructuration d'eux-mêmes, à devenir plus souples et plus tolérants, afin de s'adapter. La loi de la survie, associée aux humiliations, annihile une forme d'orgueil et donne une certaine forme de sagesse.

Dans les écrits médicaux, je noterai souvent ce type de phrase : « Le comportement sexuel étant intime, les patients répugnent à aborder ce sujet. » Les médecins ne projetteraient-ils pas leurs propres angoisses et malaises sur la personne handicapée ? H. S. Talbot (1969), T. M. Cole *et al.* (1973), repris par J. P. Held *et al.* (1975) prolongent même cette idée en remarquant que le médecin, prisonnier de sa propre gêne à aborder ce sujet, se rend virtuellement inaccessible au patient, qui n'ose pas, dans ces conditions, s'adresser à lui. Le manque d'enthousiasme des médecins à s'informer sur la sexualité du blessé médullaire leur paraît incompréhensible et inexcusable.

Le premier « effet secondaire » de cette attitude, qui me semble dramatique, est le *retentissement psychiqu*e de celle-ci chez le patient : « Le médecin ne me dit rien, c'est parce que ce doit être très grave et incurable. S'il existe un traitement, on le donne. Si c'est incurable, on ne traite pas. »

T. M. Cole *et al.* (1973) expliquent dans leur article l'importance de la *formation* des professionnels afin d'éviter qu'ils ne donnent des indications sexuelles inadaptées aux patients, pouvant alors accroître leur problème.

Le Troisième congrès international, « L'enfant handicapé et la sexualité », qui s'est déroulé à Paris le 30 et 31 octobre 1982 sur le thème « handicap et sexualité » s'est fixé pour mission :

- d'attaquer de front le malaise de la famille ;
- d'informer et de former les éducateurs, les travailleurs sociaux, qui ne peuvent ignorer les problèmes que pose la sexualité.

Le soignant doit aborder le sujet, sans insister bien sûr, car c'est ce qu'attend la personne handicapée qui, souvent, n'ose questionner le médecin de peur d'être ridicule ou d'être perçue comme obsédée.

On peut faire remarquer qu'un couple fait l'amour une fois par semaine en moyenne, et ce durant une heure, ce qui fait une heure par semaine ; sur un mois, ça lui fait quatre heures au lit. Qu'un orgasme dure quatre secondes... ce qui donne quatre secondes par semaine et... seize secondes par mois sur plus de deux millions et demi de secondes dans le mois... Puis demander : « Pensez-vous que ce soient uniquement ces seize secondes par mois qui font tenir un couple uni toute une vie ?... »

Ces quatre secondes représentent un moment intense de fusion du couple. Un moment très fort, d'échange à deux. Mais ce ne sont que quatre secondes... N'y a-t-il pas une possibilité de retrouver des moments fortement chargés en affectivité avec son (sa) partenaire et qui en plus pourrait durer plus longtemps ?

L'orgasme est alors démystifié. Le drame semble atténué. Un degré de l'angoisse s'écroule et en général on voit alors poindre un sourire ou même un rire franc. Dès lors qu'ils tournent leur drame en dérision, une défense tombe et commencent les confidences réellement sincères, qui permettent d'établir une stratégie thérapeutique efficace.

À qui s'adresser

À la question : « À quelle personne vous adressez-vous préférentiellement pour des renseignements sur les problèmes sexuels ? », j'obtins comme réponse : le conjoint, le kinésithérapeute ou l'infirmière, le médecin généraliste, le médecin de rééducation fonctionnelle, et bien souvent personne.

L'éducateur et l'assistante sociale sont davantage sollicités après la sortie du centre de rééducation. Ils sont vus fréquemment, et deviennent souvent des confidents.

Avantages et insuffisances de l'information entre paraplégiques

Devant l'échec des questions posées au corps médical, c'est entre eux, paraplégiques du centre de rééducation, que parfois ils parlent, à deux ou plus, échangeant leurs connaissances acquises par l'expérience et aussi des théories farfelues basées sur des ouï-dire… Là, l'importance des chambres à plusieurs est nette. « Un paraplégique ne doit jamais être seul dans sa chambre au début », me diront-ils. Ils s'aident, s'expliquent, se rassurent au niveau sexuel, se remontent le moral.

Certains paraplégiques diront s'être informés en discutant entre eux quand ils étaient hospitalisés à deux, trois ou quatre, par chambre dans les centres de rééducation fonctionnelle. Dans ces chambres à plusieurs, ils ont davantage le moral, ils peuvent se raconter, s'enseigner des astuces utiles, se pousser à aller à la relation affective. Il n'existe pas ou peu de gêne entre eux. Ils sont dans la même situation de pathologie et de déroute. Ils se conseillent, s'informent, se stimulent pour aller draguer et rencontrer un(e) partenaire.

L'ennui cependant, c'est que les problèmes médicaux ne sont pas toujours les mêmes, et certains s'inquiètent quand le voisin a une érection et pas eux. S'ils sont hospitalisés dans une chambre avec un ancien qui a de l'expérience, l'enseignement se fait, mais ce n'est pas toujours le cas; c'est là surtout que le kinésithérapeute, le médecin, l'infirmière ou un sexologue doivent pouvoir intervenir pour les informer. « Pas assez d'informations médicales. J'ai trouvé des interlocuteurs en fauteuil roulant mais je souhaiterais que l'information soit faite *par le médecin* », dit un homme paraplégique (*Le point carré*, 1990).

LES ÉTAPES DE L'INFORMATION

Informer la personne paraplégique sur la sexualité ne peut se faire en une seule fois. Après l'accident, meurtris par le traumatisme, certains ne peuvent être aptes à écouter une information, certains veulent encore rester fermés sur eux-mêmes. D'autres en revanche seront en demande, voulant savoir le maximum pour retenir l'information qui leur convient, pour se rassurer. Un homme paraplégique dit: « La question s'est posée pour moi-même… Peur de la réponse. Il a fallu que je sorte du centre avant de pouvoir commencer à en parler… Les réponses ne venaient pas ou peut-être ne voulais-je pas les entendre?… » (*Le point carré*, 1990.)

T. M. Cole *et al.* (1973) trouvent, en réponse aux questionnaires distribués, que 80 % des paraplégiques et 90 % des tétraplégiques n'ont pas eu d'information, à l'hôpital, concernant la sexualité. Quand une information leur est donnée, elle provient des médecins (50 %), des psychiatres (10 %), des infirmières (10 %) ou d'autres personnes.

Il y a quelques années, parler de sexualité était encore plus tabou qu'actuellement. Ne pas en parler lors de la rééducation ne semblait pas réellement une erreur. En revanche, maintenant, il est normal d'aborder le sujet de la sexualité dans tout programme de rééducation. Ne pas le faire serait ne pas considérer l'individu dans sa globalité.

Dans les grandes lignes, **l'information a lieu en plusieurs étapes**:

- dès l'arrivée au centre, informer de la possibilité de consultation avec un sexologue. Il pourra donner une information individuelle qui prenne en compte l'histoire personnelle de chacun lors d'entretien individuel;
- une information technique médicale faite par le médecin afin de comprendre le pourquoi des troubles sexuels. L'infirmière, le kinésithérapeute, l'ergothérapeute sont également sollicités parce qu'ils consacrent beaucoup de temps au paraplégique au cours de la rééducation;
- une information plus globale en petits groupes (plaquettes d'informations simplifiées, projections de films suivies de débat);
- enfin, une prise en charge thérapeutique à plus long terme afin de permettre un réinvestissement de son corps, un développement de la communication dans le couple, un travail

sur le corporel et l'affectif, dans le but d'un épanouissement individuel et de couple.

L'INFORMATION MÉDICALE

Pour l'homme

Il est important de rassurer, en apaisant l'angoisse, présente chez tous, de ne plus avoir d'érection, et d'aborder le sujet très rapidement. Au début, il existe des troubles de la miction, et c'est à l'occasion des explications sur la rééducation vésicale qu'il faut en même temps expliquer simplement la physiologie du système génito-urinaire. Le centre sacré médullaire S2 S3 S4 est à la fois le centre vésical et celui de l'érection. « Le centre sacré est constitué des myélomères S2 S3 S4 responsables de l'érection. Le centre de l'éjaculation se situe sur les myélomères D10 L2 (centre dorso-lombaire). » (O. Dizien, 1992.)

A. Leriche (1981) distingue les deux types suivants :

- une *lésion haute* (paraplégie haute et tétraplégie) supérieure à D12 vertébral laissera possibles les érections réflexes (le centre médullaire sacré S2 S3 S4 est intact). Celles-ci apparaîtront lors de la masturbation, de la toilette du gland, des bourses, des membres inférieurs, lors de la défécation. « Elle peut permettre une intromission vaginale mais la détumescence peut survenir brutalement. » (O. Dizien, 1992.) Ces personnes en général sont donc moins inquiètes de leur avenir sexuel ;
- une *lésion basse*, inférieure à D12 (le centre dorso-lombaire (surtout D10-D12) est au dessus de la lésion) et laisse possible l'érection psychogène. Le centre médullaire sacré S2 S3 S4 peut être atteint partiellement ou en totalité.

L'inhibition spinale peut durer de 2 à 5 ans. Dans ce cas, il est important d'évoquer une éventuelle possibilité de récupération de l'érection pendant ces cinq ans. Ne pas en parler risque d'entraîner la conversion de l'impuissance somatique en impuissance psychogène si S2 S3 S4 n'est pas lésé. Donc l'érection peut être totalement impossible au début mais revenir après un certain temps. Si l'érection est présente, elle est « psychogène », c'est-à-dire qu'elle apparaît lors de la présence de certaines odeurs, de la vue de certaines images érotiques, de certaines personnes, ou par l'intermédiaire de l'imagination, de souvenirs. « Cette érection est rare. Elle est produite par l'exacerbation du désir lésionnel, et est perçue comme un vague besoin mictionnel. Elle se présente comme une dilatation molle de la verge, sans rigidité vraie. L'intromission vaginale est possible avec aides techniques. Sa durée est brève. » (O. Dizien, 1992.)

P.-A. Chapelle *et al.* (1979) décrivent leur technique habituelle du bilan de la fonction génito-sexuelle de l'homme paraplégique : l'interrogatoire concerne l'état de la verge avant et pendant la miction, le port d'un collecteur d'urine, les fuites urinaires, l'influence de la défécation sur l'état de la verge. Ils demandent si le sujet était marié ou célibataire. Ils s'enquièrent ensuite des possibilités d'érection, de son mode et de sa facilité de déclenchement, de sa durée, de la dureté de la verge et de l'intumescence du gland, de l'éjaculation et de son mode de survenue (imprévisible, précoce, tardive) ; « les petits trucs » sont également notés.

L'examen neurologique cherche à délimiter les syndromes lésionnels siégeant sur le système spinal et le système végétatif périphérique. Les auteurs utilisent pour cela « le réflexe crémastérien qui préjuge de l'état fonctionnel de L1. La sensibilité testiculaire est explorée par rapport à celle de la tête de l'épididyme, elle remonte jusque vers D10 environ. » Le réflexe anal et le réflexe bulbo-caverneux, le système végétatif périphérique sont également étudiés avec l'état de l'œil, la sudation, le réflexe pilo-moteur encéphalique et le réflexe pilo-moteur spinal. « Au terme de cet examen, le syndrome lésionnel est en général « dessiné » et permet de tirer des conclusions sur le pronostic et donc de proposer des solutions thérapeutiques lorsqu'un délai raisonnable s'est écoulé depuis la date de l'accident. » (P.-A. Chapelle *et al.*, 1979.)

« Le but de l'examen clinique est de connaître l'état des centres dorso-lombaires (D10 à L2) et l'état du centre sacré (S2 S3 S4). Le clinicien doit répondre à la question suivante : ces centres, ou chacun de ces centres, se trouvent-ils en territoire sus-lésionnel, sous-lésionnel ou lésionnel ? Cet examen ne peut se faire qu'après la période du choc spinal et lorsque l'état neurologique est stabilisé (6e, 8e mois). Il s'agit d'un examen long et difficile. La présence d'un arc réflexe à ces niveaux prouve l'intégralité du centre sacré. L'analyse du centre dorso-lombaire D10 L2 est plus délicate. Elle fait intervenir l'analyse de la motricité volontaire, de la sensibilité profonde, de la sensibilité des organes et l'appréciation du système végétatif périphérique. Actuellement, des examens paracliniques (électriques en particulier) permettent d'affiner les données de l'examen clinique. Ils ont en particulier un grand intérêt dans les lésions incomplètes responsables de troubles génito-sexuels complexes et multifactoriels. » (O. Dizien, 1992.)

Cet examen me semble intéressant pour le médecin afin qu'il ait une idée précise des capacités organiques sexuelles de l'homme paraplégique. Donner alors un pronostic systématiquement ne doit pas se faire. Il faut nettement distinguer les possibilités organiques pures et la relation d'amour dans le couple. Veiller à ne pas terrasser un homme par l'annonce implacable d'une impossibilité d'érection : d'une part elle peut être possible après quelques temps, d'autre part il peut parfaitement s'épanouir dans sa vie de couple sans cela.

Pour la femme

Au sujet de la *procréation*, on peut lui dire qu'elle n'aura pas de problème de fécondation, l'ovaire étant bien vascularisé et bien protégé et le système hormonal n'étant pas atteint.

D'un point de vue *sexuel*, il est préférable de rester vague. Il s'ensuit souvent une période de dépression : celle-ci est mieux assumée en centre de rééducation, où le sentiment de solitude est moindre qu'à l'hôpital. Ceci ne doit cependant pas être généralisé de façon stricte. Chaque individu est différent, pose plus ou moins de questions, désire ou non savoir ce qui lui arrive exactement, est plus ou moins entouré par ses proches. Il vaudra mieux tenter de percevoir l'atmosphère, et agir selon notre jugement personnel.

Le sexologue en centre de rééducation

Donner des informations à l'hôpital est essentiel ; en centre de rééducation ensuite, c'est fondamental.

Une solution adaptée est d'informer la personne lors de son arrivée dans le centre de rééducation de *la possibilité d'aller en consultation de sexologie* parler à un thérapeute spécialisé dans ce domaine. Là, elle sera informée sur ses possibilités sexuelles, elle pourra verbaliser ses inquiétudes concernant son avenir affectif et tenter en étant épaulée de trouver des solutions pour sa vie affective.

Ces consultations sont, bien entendu, facultatives. Elle n'est donc pas obligée d'aller à ces entretiens. Surtout, elle sait qu'il existe un lieu où elle peut parler. Elle se sentira moins isolée, et pourra aller se renseigner seulement quand elle se sentira *prête à entendre* ce qui va lui être dit. L'affectif ne peut être dissocié de l'aspect sexuel lors de l'information.

Après l'accident, l'insensibilité de la région génitale, l'absence d'érection ou les érections molles angoissent plus qu'on ne peut l'imaginer. Les personnes peuvent l'évoquer dans l'espoir de trouver une écoute attentive, d'autres n'osent pas pour de multiples raisons dont la honte, la culpabilité d'évoquer ce sujet à un moment si grave et quand d'autres soucis préoccupent tout le monde. Cependant quand une personne qui leur convient, qui n'intimide pas, ne les brusque pas, spécialiste du sujet se présente, il est rare qu'elles n'aient pas envie de la rencontrer en entretien.

Le lien thérapeutique après le retour au domicile

« La reconstruction de sa personnalité, de son image après l'accident, pendant l'hospitalisation ou faisant suite à celle-ci, s'avère le passage obligé pour chacun d'entre nous à des moments qui peuvent être différents. Cela s'inscrit dans notre histoire, notre cheminement personnel, en fonction de ce que l'on est prêt à entendre et que l'on peut entendre. Cela peut se faire avec l'aide de l'entourage, ou d'un groupe (stage communication-sexualité) de personnes ou d'un lieu que nous avons délibérément choisi. » (*Le point carré*, 1990.)

À la sortie du centre de rééducation fonctionnelle, il est important de *maintenir un lien* afin que le patient puisse savoir à qui s'adresser, facilement, sans honte ni humiliation, sur ce sujet et de conseiller de faire une thérapie pour se sentir épaulé et continuer à se reconstruire.

LE MÉDECIN GÉNÉRALISTE

P. Segal (1980) s'interroge: « Il veut savoir, l'édenté, pourquoi ceux qu'il appelle les "toubibs" ne lui disent jamais rien sur ce qui l'obsède et qui dort tranquille entre ses cuisses maigres, et comment on ne peut rien savoir parce que, "merde alors", dit-il, "on est quand même des mecs et il y a encore des femmes pour nous... Même si on ne sent pas ce que l'on a dans la culotte, on sait qu'on les a quand même." »

Souvent le médecin généraliste ne sait pas que répondre. Après une ou deux tentatives infructueuses, les patients n'osent pas aller plus loin et se referment sur eux-mêmes. Le Dr J. Waynberg, sexologue, au cinquième congrès international sur le handicap et la sexualité en 1985, dit ses convictions sur le rôle du médecin généraliste à ce sujet: « Dans le domaine de la sexualité du handicapé, il faut que le médecin généraliste sache qu'il a une position charnière. La relation de confiance qui existe entre lui et son patient invalide lui permet d'ouvrir la discussion et d'aborder ces sujets et d'orienter si besoin (lectures, hôpitaux spécialisés...). »

Il est vrai que le médecin généraliste n'est pas formé au cours de ses études à savoir comment parler sexualité ou à savoir que dire. Cependant, c'est lui qui connaît les familles, qui voit le mode de vie, le degré d'autonomie, lors de ses visites. C'est lui qui, souvent, sert de référence et c'est à lui qu'on demande conseil pour le moindre renseignement. Il est important qu'il prenne conscience du rôle positif qu'il peut avoir dans la vie affective d'une personne paraplégique en sachant rassurer, apaiser l'angoisse et orienter vers une personne ou une structure compétente.

H. W. Sawyer *et al.* (1983) pensent que c'est par manque d'information que le corps médical n'ose pas parler de la sexualité de la femme paraplégique. Il me semble que c'est également la peur qu'a le médecin d'aborder un sujet dans lequel il n'est pas à l'aise, un domaine dans lequel il pourrait perdre la face.

Au contraire de ses connaissances médicales, ses connaissances en matière de sexualité ne sont plus « neutres ». Ce thème demande une implication personnelle, une référence à un vécu, une remise en question très personnelle. Tout cela va au-delà de la neutralité scientifique. L'information technique concernant ce sujet peut toujours se greffer sur le discours touchant le handicap *stricto sensu*, mais le médecin ne pourra l'exploiter que s'il a lui-même effectué un cheminement personnel. C'est pourquoi je pense actuellement qu'un médecin sexologue, en relation avec un médecin de rééducation, serait le plus à même de répondre aux questions, ou d'aller au-devant des questions, de la personne paraplégique homme ou femme.

4

L’activité sexuelle

Une vie sexuelle relativement banale

70 % des para- et tétraplégiques se sentent *heureux* dans leur vie sexuelle, et pratiquement le même pourcentage (75 %) est retrouvé pour les personnes valides (T. M. Cole *et al.*, 1973). Ceci est important à noter, car cela montre qu’une personne paraplégique peut très bien être heureuse en couple et vivre une vie à deux *aussi banale que n’importe qui.*

« Si la sexualité devient une difficulté surajoutée pour le sujet handicapé et notamment sa finalité : la reproduction, il en va de même pour de nombreux individus valides qui connaissent eux aussi des problèmes d’impuissance, de perturbations de l’image du corps, somme toute des difficultés identiques. Par ailleurs, on aurait tort de croire que le choix d’un partenaire soit une difficulté insurmontable. » (M. Charron, 1982.)

La personne ayant eu son accident avant d'avoir connu une sexualité à deux s'adapte relativement bien et assume facilement sa vie de couple. En revanche, celle ayant subi son traumatisme plus tardivement aura tendance à comparer et à vouloir retrouver ce qu'elle connaissait. Elle aura une étape de plus à franchir, pourrait-on dire, par rapport à la précédente : le temps de faire le deuil de son passé sexuel et de s'ouvrir à des possibilités différentes. M.-J. Rouffet *et al.* (1979) l'ont également observé : « La paraplégique jeune qui découvre après son handicap ce qu'est un acte sexuel [...] découvre, malgré son handicap, d'emblée, l'ampleur de l'acte d'amour sans le désarroi brutal que peut connaître celle qui avait la connaissance de ses possibilités antérieures. »

G. E. Higgins (1978) dit que, bien que la nature des excitations sexuelles ait un peu changé, l'activité sexuelle, quelle que soit sa forme, persiste d'une façon satisfaisante chez une bonne partie des blessés médullaires.

T. M. Cole *et al.* (1973) pensent qu'il est important d'avoir conscience qu'une sexualité adaptée et satisfaisante est pratiquement indépendante de la présence ou de l'absence de sensation.

Lors de leurs séminaires intensifs d'information, ces auteurs ont fait remplir des questionnaires qui retrouvent ces résultats :

- 45 % des para- et tétraplégiques ont un rapport sexuel au plus par mois,
- 40 % des para- et tétraplégiques ont au moins un rapport sexuel par semaine,
- 12 % des personnes valides autres que les conjoints des personnes blessées médullaires ont un rapport sexuel au plus par mois,

– 70 % des personnes valides autres que les conjoints des personnes blessées médullaires ont au moins un rapport sexuel par semaine.

T. M. Cole *et al.* (1973), J. P. Held *et al.* (1975), G.E. Higgins (1978) estiment que c'est en ne considérant que les données organiques qu'est née l'idée populaire, bâtie sur des préjugés, que l'individu blessé médullaire est asexué, et qu'il finit par s'en auto-persuader. Ceci d'autant plus que le personnel soignant, croyant lui aussi à ces stéréotypes, entretient le patient dans des idées erronées.

Cependant quand on écoute les hommes et les femmes blessés médullaires, à cause des troubles de la sensibilité génitale, de troubles urinaires, de la sensation de ne plus être très séduisant par exemple, le désir tend à diminuer ainsi que le nombre des rapports sexuels. Pour obtenir du plaisir lors des échanges amoureux, il leur faut le temps de faire le deuil d'un passé, de s'habituer, de prendre plus de temps, d'apprendre à se libérer de l'anxiété et de faire autrement. Aussi la satisfaction procurée par l'acte d'amour peut être moindre qu'auparavant.

E. Paulin (1998) a étudié 20 couples qui étaient déjà constitués avant l'apparition de la lésion médullaire. Les informations ont étés recueillies grâce au questionnaire de l'International Index of Erectil Function (IIEF). Les personnes étaient âgées globalement de 35 ans. Elles se répartissaient en 15 personnes paraplégiques et 5 personnes tétraplégiques. Leurs compagnes féminines étaient valides.

Elle retrouve **concernant les femmes valides**, partenaires des hommes blessés médullaires que :

– 60 % font souvent des projets d'avenir à deux. Seules les femmes vivant avec les hommes tétraplégiques ont l'impression de restreindre leur liberté personnelle dans le sens de ne pouvoir aller n'importe où et n'importe quand. Et seules les personnes tétraplégiques ont besoin de l'aide d'une auxiliaire de vie;

- 80 % des femmes ne se sentent pas sexuellement stressées ni sexuellement déçues;
- 70 % trouvent que leur partenaire les caresse de manière à les exciter sexuellement.

Les femmes vivant avec des hommes paraplégiques qui ont des difficultés d'érection et d'éjaculation disent que leur sexualité s'est modifiée depuis le traumatisme mais plus de la moitié ne trouvent pas ça très important dans leur vie. Celles qui vivent avec un homme tétraplégique dont l'érection et l'éjaculation est proche de la normale ne notent pas un grand changement dans leur sexualité depuis le traumatisme.

- 65 % ont eu des enfants depuis le traumatisme de leur partenaire et
- 35 % on eut recours à la procréation médicalement assistée (PMA)

En conclusion ces conjointes valides se sentent à 95 % plutôt heureuses dans leur couple en terme de bonheur.

Concernant les hommes blessés médullaires, à partir de leur réponses qui comparent leur sensation avant et après la lésion E. Paulin retrouve:

- Une diminution importance de la fréquence du désir sexuel et de son intensité après la lésion. Cependant l'intensité du désir sexuel reste tout de même pour 75 % des cas intense ou assez intense;

– Le manque d'érection et le handicap de son hémicorps atteignent environ 45 % des hommes au plus profond de leur virilité ;

– Les hommes sont insatisfaits de leur fonction érectile et éjaculatoire. L'intensité de l'orgasme, même après avoir retrouvé la fonction érectile et éjaculatoire, est bien diminuée de même pour le plaisir obtenu au cours du rapport. 90 % trouvent que cela va très mal concernant la qualité de leur éjaculation. Mais heureusement ils gardent une bonne opinion d'eux-mêmes pratiquement identique à celle d'avant la lésion médullaire ;

– **Donner du plaisir à sa partenaire a une importance primordiale pour 85 % des hommes** que ce soit avant ou après la lésion et assez importante pour les 15 % restants. Et 65 % (contre 100 % avant le traumatisme) pensent que la partenaire est satisfaite lors des rapports sexuels ;

– **Concernant leur vie sexuelle : 70 % sont globalement satisfaits et 30 % ne le sont pas, alors qu'avant la lésion 70 % étaient tout à fait satisfaits ; Ils s'adaptent à leur traumatisme mais ne l'acceptent jamais.**

– **Ils sont globalement aussi satisfaits de leur vie de famille qu'avant la lésion. La famille est pour eux le pilier autour duquel tout gravite.**

Un point est à noter, c'est qu'aucun de ces hommes n'utilise de moyen chimique ou chirurgical pour aider à l'érection. Il y a un abandon de ces techniques indiquées et enseignées en milieu hospitalier après le retour à domicile. La sexualité est modifiée avec davantage de caresses, de préliminaires, d'échange de tendresse et une sexualité plus douce. Cependant, le manque de spontanéité dans les rapports, l'absence de pénétration, la difficulté de mobilité engendrent à la longue une baisse du désir sexuel et une culpabilité vis-à-vis de la partenaire.

En conclusion de cette étude E. Paulin note que les couples interrogés sont pour la grande majorité heureux, stables, comblés par la présence d'enfants et ils ont des projets d'avenir.

Des études aux résultats variables

Voici une synthèse des chiffres statistiques concernant la personne blessée médullaire que j'ai retrouvés au sein des différents articles, dont on notera qu'ils ne concernent que l'homme :

- 50 à 90 % des sujets peuvent avoir une érection (G. E. Higgins, 1978),
- 59 % (N. François, 1981) et 5 à 56 % (G. E. Higgins, 1978) peuvent réaliser un coït,
- Moins de 10 % peuvent éjaculer spontanément (J.P. Willot et al. 1988). Cependant, grâce à différents moyens on peut recueillir des spermatozoïdes chez presque tous les hommes,
- 10 % (J.P.Willot *et al.*) ou 5 % (N. François, 1982) peuvent féconder une femme de façon naturelle et actuellement grâce à plusieurs techniques on obtient des naissances dans 30 % des couples dont l'homme est tétraplégique (O. Dizien, 1992). Une fois les spermatozoïdes recueillis, le taux de réussite de la procréation médicalement assistée est alors le même pour un couple de gens valides que pour un couple où la femme est valide et l'homme paraplégique.

Selon les études, les chiffres varient considérablement sur les possibilités sexuelles des paraplégiques. Ces résultats très intéressants nous montrent à quel point règne un flou pour quantifier d'un sujet à l'autre des éléments si subjectifs.

Les rapports oro-génitaux

T. M. Cole *et al.* (1973) demandent dans leurs questionnaires si l'idée de rapports bucco-génitaux est ou non attrayante. La considèrent comme attrayante :

- 60 % des paraplégiques hommes et femmes,
- 90 % des tétraplégiques,
- 88 % des conjoints, dont la majorité sont des femmes,
- 100 % des hommes valides et
- 86 % des femmes valides.

Ont essayé les rapports bucco-génitaux :

- 70 % d'hommes et femmes paraplégiques,
- 70 % des tétraplégiques,
- 100 % des conjoints des para- et tétraplégiques,
- 91 % des hommes valides et
- 95 % des femmes valides.

Pour ceux qui les ont essayés, y ont pris du plaisir :

- 86 % des hommes paraplégiques,
- 100 % des hommes et femmes tétraplégiques, des conjoints de para- et tétraplégiques, des hommes valides,
- 95 % des femmes valides.

Le para-orgasme

Pour les personnes blessées médullaires, l'oralité et les rapports bucco-génitaux sont particulièrement importants dans leur vie sexuelle.

Le para-orgasme, surnommé ainsi parce que son déclenchement n'est pas provoqué par la stimulation des organes génitaux, correspond pourtant à un orgasme. Initialement, il n'existe pas, en principe, chez la plupart des gens, bien que certaines femmes puissent le ressentir à la stimulation des seins lors d'une importante excitation.

La partie du corps non paralysée va prendre le relais. Les zones érogènes du haut du corps vont être davantage sensibles aux caresses. Elles vont provoquer des sensations de plaisir intense quand elles seront tendrement sollicitées par le partenaire, et l'orgasme (ou para-orgasme) pourra alors bouleverser l'individu.

« L'orgasme, dès le niveau sensitif S2 complet, n'est plus ressenti. [...] Il existe des équivalents, sensation de vide épigastrique, ou simplement de bien-être, mais ceux-ci sont indépendants du niveau lésionnel. Il sont possibles par un développement sus-lésionnel des zones érogènes avec érection des mamelons, horripilation au niveau des aisselles et du rachis cervical. » (M. Maury, 1981.)

Une étude réalisée par E. B. Vance *et al.* (1976) confirme qu'il est erroné de parler d'une orientation purement génitale de l'homme, alors que la sexualité de la femme serait plus sensuelle. Ne dit-on pas communément que l'homme aurait un orgasme violent, « viril », génital, et que la femme serait davantage remplie ou submergée d'un bonheur plus profond ? Or voici une des conclusions de l'enquête réalisée par

E. B. Vance *et al.*: ils ont « invité des étudiants à donner une courte description écrite et anonyme de leurs sensations. Après suppression de toutes les indications d'ordre anatomique, tout en respectant l'intégralité du texte pour tous les autres aspects, les textes sont soumis à des jurys composés de médecins, gynécologues, psychologues des deux sexes chargés d'identifier le sexe de l'auteur de chaque document. Les résultats montrent qu'il est *impossible de déterminer le sexe* des auteurs tant la description des sensations est identique. » Ceci n'est-il pas la preuve que l'homme et la femme ressentent leur sexualité d'une façon sensiblement analogue ?

L'homme et la femme peuvent apprendre à découvrir le para-orgasme de la même façon.

5

Et l'amour ?

LE PARTENAIRE RÊVÉ

> « L'amour et la nourriture ont la même importance vitale pour notre santé et notre survie. »
> (Ko-Tseu, cité par J. Chang, 1977.)

Dans leur grande majorité, les sujets handicapés espèrent rencontrer l'amour de leur vie ainsi que n'importe quel jeune ou adulte dans la société. Ils désirent une relation très sincère, très profonde. Ceci n'exclut pas pour autant le désir d'avoir des aventures, comme tout le monde peut en avoir envie, mais également dans l'esprit d'être comme « monsieur tout le monde ».

Associé au désir banal de vouloir rencontrer un(e) partenaire, le paraplégique a souvent un autre motif :

- l'homme se demande toujours : « Est-ce que ça va marcher (mon érection) ? » En effet, s'il n'y a pas de possibilité seul dans sa chambre, peut être la présence féminine va-t-elle être magique ?
- il existe également, pour le garçon comme pour la fille, un besoin de revalorisation narcissique : « Je plais donc je ne suis pas si nul, je ne suis pas foutu. » Le paraplégique a besoin d'être sûr qu'il est encore capable de plaire, de « tomber une fille », de séduire un homme.

Tout ceci est absolument fondamental et je pense qu'il est très bien d'aller au devant des rencontres quand cela est possible. Cela permet de se restructurer au fond de soi par l'affection, la tendresse ou l'amour de l'autre. Le regard de celui qui aime efface les blessures, aide à faire le pas pour dépasser le handicap. « Dans le re-besoin de plaire, de confiance en soi, certains ou certaines ont recours à différentes expériences ou à plusieurs partenaires dans la recherche du plaisir », dit une personne paraplégique (*Le point carré*, 1990).

Pour la plus grande majorité des cas, ils préfèrent vivre avec quelqu'un sans handicap, sans pour autant rejeter totalement cette idée. Ils disent que, tous les jours, avoir en face d'eux la vision d'une anomalie physique ne ferait que leur rappeler à chaque instant leur faille ; sorte de miroir permanent qui donne son avis sans qu'on le lui demande. Cependant, « la relation sexuelle avec un autre blessé médullaire peut apparaître comme plus sécurisante au début. Il n'y a pas la nécessité de tout expliquer... On se comprend mieux. Pourtant, cela peut s'avérer plus difficile dans les mouvements, déplacements et dans le plaisir », dit encore une personne paraplégique (*Le point carré*, 1990).

Ils imaginent le couple comme une entente mutuelle, un échange de tendresse, sachant que 50 % des hommes ne pourront sûrement pas réaliser de pénétration lors de la relation sexuelle.

AMOUR ET AUTONOMIE [1]

Rencontrer l'autre se fait plus facilement si la personne est autonome. Mais être avec quelqu'un qu'on aime stimule et peut donner envie de réussir à se débrouiller, de mieux se surveiller corporellement, notamment pour les escarres. Je crois qu'il n'y a pas de règles absolues en ce qui concerne l'autonomie et les rencontres. Une vie affective épanouie participe de façon évidente au processus de réinsertion sociale. Cependant, plus une personne arrive à une indépendance importante et plus il lui sera facile de commencer une relation affective.

DEVENIR DU COUPLE

> « Pour deux personnes, juste après l'accident, la première pensée touche aux relations sexuelles et affectives. »
> (*Le point carré*, 1990.)

L'équipe soignante a une grande influence et peut, par son *rôle pédagogique*, encourager les individus et les couples à

1. Une association permet de faciliter la rencontre d'un conjoint valide ou moins valide pour toute personne handicapée – Handiclub, Anne-Marie Arzalier, 40, rue République BP 27, 30404 Villeneuve-Avignon Cedex. Tél. : n° vert (gratuit) 0 800 495 305, E-mail: anne-marie@wanadoo.fr, Internet : http://www.handiclub.org

parler, à se parler, ce qui permet de diminuer le taux des divorces, constate en Australie le docteur Gerald Ungar (1987). Il souligne que l'accident médullaire provoque une crise familiale et que celle-ci doit être prise en charge au sein d'une équipe compétente.

En effet, le traumatisme entraîne une crise dans le couple. Tous les repères sont modifiés. Le conjoint est hospitalisé, ce qui n'aide pas à discuter, à tenter de résoudre le conflit. Si l'équipe soignante est présente, apte à écouter et à conseiller, cela permet de désamorcer un processus d'angoisse, de dévalorisation de soi, qui ne peut qu'être néfaste dans les rencontres futures. Les permissions de week-end à domicile sont souhaitables afin que les conjoints se retrouvent, d'abord épisodiquement, pour avoir le temps de se réorganiser progressivement. « Les retours précoces à domicile en brefs congés sont donc très favorables à cette reconnaissance des conjoints. » (M. Maury, 1981.)

« Il nous semble préférable de provoquer, le plus précocement possible, des retours en week-end à domicile, resituant le sujet dans son contexte normal. L'apport d'un séjour préalable en appartement thérapeutique s'avère très salutaire pour permettre au couple de résoudre les problèmes pratiques posés par le handicap et le libérer d'obstacles matériels inhibants » (A. Heilporn, 1981).

Les *groupes* de personnes handicapées sont une importante source d'aide, un moyen de pouvoir rencontrer et partager l'expérience de certains qui peuvent comprendre votre situation et vos problèmes (C. Rey *et al.*, 1984).

Le *rôle du conjoint* est particulièrement dur à jouer également. Souvent il est encore plus seul qu'on ne peut l'imaginer. Ceci parce qu'il est censé être fort, valide et capable d'épauler l'autre. Il est donc bien moins entouré. C'est pourquoi l'équipe soignante et le sexologue doivent s'adresser également au conjoint pour le soutenir et le guider. Une femme tétraplégique remarque : « C'est une erreur, une grave erreur que de ne pas en parler. La frustration du conjoint est aussi dure à vivre que mes séquelles motrices. » (*Le point carré*, 1990.)

R. Baxter (1981), cité par J. M. Kellet (1990), étudie l'incidence de la paraplégie dans le couple. Il retrouve une augmentation des divorces, la femme paraplégique étant davantage quittée par son partenaire que l'homme.

En revanche, selon N. François (1981), « contrairement à l'opinion trop souvent émise, les paraplégiques *rencontrent assez souvent* une partenaire après l'accident. Les couples que nous avons côtoyés, pendant souvent de nombreux mois, nous ont paru stables dans leur grande majorité. » Cependant, en moyenne, ces personnes étaient paraplégiques depuis huit ans lors de la première consultation génito-sexuelle.

Ces couples n'ont pas été observés en période de crise. C'est pourquoi les deux auteurs semblent avoir remarqué des réactions différentes. Ces références datent de 1981 ; or les mœurs ont actuellement bien évolués. Actuellement, les gens parlent beaucoup plus librement de leurs problèmes de couples, de leur affectivité ; et le taux de divorce chez les sujets valides a également bien augmenté puisque dans la région parisienne il est de un pour deux couples, et en province de un pour trois couples.

Comme toute situation difficile (chômage, décès…), l'accident est un révélateur lors de la séparation. En général, la mésentente était déjà présente ou sous-jacente, et cette épreuve ne fait que précipiter la rupture. Au contraire, quand le couple s'entend bien, le couple va vouloir lutter ensemble pour dépasser l'épreuve. Il devient alors soudé par cette difficulté, renforcé et plus stable encore qu'auparavant et que la moyenne des couples. C'est pourquoi il est intéressant de connaître le degré d'entente du couple antérieurement à la paraplégie.

Le taux des divorces chez les personnes paraplégiques, comme chez les gens valides, diminue lorsqu'il y a possibilité de parler, de comprendre et dédramatiser la situation.

Le couple bien informé sur ses possibilités sexuelles et suivi en thérapie par un sexologue peut, dès lors, « sur des bases nouvelles, chercher son équilibre en connaissant les possibilités du corps handicapé. Dans certains cas, cela permet un nouveau départ, dans d'autre cas cela précipite une rupture qui n'aurait de toute façon pu être évitée. Dans tous les cas il y a clarification et mieux-être, parce qu'il y a meilleure connaissance de soi et des richesses que recèle le corps. » (P. Leterrier, 1989.)

6

L'image du couple et de l'amour dans notre société

L'HOMME ET LES REPRÉSENTATIONS SOCIALES DE L'AMOUR

L'homme est défini dans le *Petit Larousse illustré* par la virilité, c'est-à-dire l'énergie, la vigueur sexuelle et la vigueur de caractère, la fermeté; le mâle est ainsi désigné par la vigueur, la force.

C'est lui qui est censé *conquérir* la femme, la séduire. La perte ou la diminution des possibilités sexuelles sont donc vécues beaucoup plus intensément que celles de la motricité. « Dans la Chine ancienne, la puissance sexuelle représentait une qualité enviable, étroitement liée à la notion de virilité. En cas de défaillance, l'homme se sentait aussi honteux et humilié que de nos jours. Les hommes dans leur majorité refusent de croire que l'impuissance temporaire est un phénomène naturel et fréquent. Ou s'ils le croient, ils éprouvent malgré tout ce sentiment d'humiliation. Or ce genre d'impuissance n'a guère plus d'importance qu'un rhume. » (J. Chang, 1977.)

Dans notre culture, l'homme est censé donner de lui une image sexuelle *avantageuse*. « L'activité sexuelle est pour l'homme l'aboutissement de ses efforts de séduction et de conquête. » (W. Pasini et C. Crépault, 1987.) L'homme blessé médullaire est donc lui aussi pris par l'angoisse de cette perte de possibilité de conquête, de séduction, à partir du moment où son sexe ne fonctionne plus. Selon la tradition, c'est l'homme qui fait les avances sexuelles à la femme. Le nombre de ses conquêtes le valorise, et renforce son identité masculine. Mais il risque l'échec. Cette frustration est plus ou moins bien vécue selon les cas, en fonction du degré de maturité affective.

L'homme handicapé va-t-il oser faire des avances à une femme valide alors qu'il peut être confronté à un refus ? Lors d'une réponse négative, ce n'est pas un échec banal qui est ressenti, mais la négation de soi. Quelle que soit la raison de la partenaire, il mettra en cause essentiellement son impuissance.

Il souffre cependant moins que la femme de la perte de son image physique, de sa beauté. Afin de séduire, « la beauté est moins déterminante que d'autres atouts comme la popularité, l'intelligence ou diverses aptitudes sociales », démontre M. Bruchon-Schweitzer (1990).

Un garçon de 17 ans, spina bifida, n'ayant encore jamais eu d'amie, m'a expliqué son problème : étant handicapé, il était ami avec une fille et n'osait pas lui faire d'avances, de peur qu'elle ne le rejette à cause de son handicap. Il perdrait alors l'amour et l'amitié. Mais en tant que garçon, il voulait attendre que ce soit la fille qui se déclare. Or ce n'est pas la façon de faire la plus habituelle dans notre société… étrange dilemme pour ce garçon, et par extrapolation pour combien d'hommes handicapés? Si j'étais en face de lui, actuellement, je lui dirais: « Fonce, lance-toi, si cette fille accepte, tant mieux pour toi, si elle refuse, elle restera amie avec toi parce que vous vous entendez bien; si tu ne la vois plus jamais, tu n'auras rien perdu. » Un homme me disait: « Je suis toujours allé dans l'arène. » Je pense que c'est lui qui a raison. Pourquoi se raconter des monceaux d'histoires erronées dans sa tête? L'éventuelle partenaire pense peut-être tout à fait autre chose.

L'une des raisons du problème sexuel de l'homme vient de ce que son sexe est *extérieur*, visible, palpable, *mesurable*. Depuis l'enfance déjà, puis lors de l'adolescence, et à l'âge adulte ensuite, la marque de virilité est souvent évaluée par la taille du sexe au repos, en érection, double-décimètre à l'appui. « Que va-t-elle penser de moi (de mon sexe)? », se dit-il en enlevant son slip devant elle.

« À chaque occasion, la même question revient, immédiate et lancinante. Parviendra-t-il à l'érection? Sera-t-il capable d'agir en homme « normal »? à la limite on peut même dire que c'est cette polarisation qui s'oppose à l'érection. » (W. H. Masters et V. E. Johnson, 1971.) D'après ces auteurs, c'est *la peur de l'impuissance* qui engendre, dans la majorité des cas, une impuissance réelle. C'est l'angoisse anticipant l'échec. Goethe transcrivit dans un poème son humiliation après avoir partagé le lit d'une belle femme dans une auberge à la campagne:

> « Mes lèvres caressent les siennes, nos pieds se rencontrent.

> Mais ailleurs surgit un problème ;
> Ce qui jouait d'habitude les héros conquérants
> Recule maintenant comme un novice et se voit réduit à néant.
> […]
> Plutôt être tailladé dans un combat à l'épée
> Que me trouver en un tel embarras. »

Dans la société, l'homme doit « assurer », c'est-à-dire être efficace au lit, avoir une belle érection et, en plus, durable. Ne dit-on pas : « Qu'est-ce que tu as dans les couilles ? » Ils me rappelleront souvent cette phrase témoignant de leur incapacité à se sentir homme dans ces conditions d'impuissance. Ce qui contribue à augmenter leur honte, c'est de croire qu'il n'y a pas de solution à leur problème.

Certains sont très gênés au moment d'informer la partenaire, après être sortis ensemble, de tout ce qui découle de la paraplégie : leur difficulté de coït, l'existence de la sonde urinaire, du collecteur d'urine… parce qu'il faut prendre le temps d'expliquer justement au moment où on a envie d'autre chose, et c'est à chaque fois pareil.

La femme et les représentations sociales de l'amour

« La femme peut consolider son identité féminine et retirer une valorisation narcissique importante dans le fait d'être objet de désir et de convoitise », expliquent W. Pasini et C. Crépault (1987). Cette phrase traduit la position de la femme, en général, dans sa relation sexuelle. Elle souffre davantage que l'homme de la *perte de son intégrité* corporelle, alors que l'homme considère davantage la fonction sexuelle.

Une apparence attrayante constitue un atout plus puissant pour la femme que pour l'homme. La beauté est considérée comme une véritable « valeur sociale », démontre M. Bruchon-Schweitzer (1990). La femme est diminuée physiquement, ne pouvant plus être attirante ou aguichante par son allure, sa démarche. Elle ne correspond plus à l'*archétype de la femme fantasmée*, vue au cinéma, dans les catalogues. « L'émotion esthétique dérive de la sphère des sensations sexuelles », écrit S. Freud (1989), et il explique que la beauté d'un sujet induirait chez autrui un plaisir esthétique et/ou érotique.

Pourra-t-elle plaire à nouveau ? « L'attrait d'un homme pour une femme est essentiellement influencé par la beauté de celle-ci. » (M. Bruchon-Schweitzer, 1990.)

Pouvoir refuser les avances d'un homme agréable, parce qu'elle sait qu'il y en aura d'autres, peut être souvent plus valorisant que d'aller à la relation sexuelle facilement. L'homme, en revanche, aura tendance à renforcer son pouvoir sexuel et à affirmer son identité propre par le nombre de ses conquêtes sexuelles.

La perte des *possibilités de séduction* à cause de l'accident est le problème soulevé par la femme paraplégique. Pourra-t-elle conserver son mari, ou pourra-t-elle séduire à nouveau ? En effet, il devient de plus en plus difficile de se rapprocher de l'image idéale de la femme.

La femme a une vision de l'amour beaucoup *plus globale* que l'homme. Le sentiment d'amour est érotisé, de même qu'un geste non sexué : un baiser, une caresse du cou. Son érotisme est moins génitalisé que celui de l'homme. C'est pourquoi elle ne ressent pas aussi fortement l'angoisse sexuelle que vit l'homme. Il lui est moins difficile d'envisager une nouvelle possibilité de continuer une relation déjà existante, ou d'en commencer une nouvelle. Cependant, il existe facilement un sentiment d'humiliation à ne pouvoir jouir. Sa façon de parler de sa sexualité se fait à mots couverts, d'une façon qui exprime un vécu plus intime, plus intériorisé.

La sexualité de la femme et la littérature médicale

La sexualité de la femme est passée sous silence dans les parutions médicales. Une interrogation des deux banques de données médicales les plus utilisées en France est éloquente (PASCAL-CNRS de 1972 à 1991, MEDLINE de 1986 à 1991). Elles ne recensent, d'après une recherche avec les mots-clés « sexualité » et « paraplégique » et « femme », qu'un seul article abordant ce sujet, celui de H. W. Sawyer *et al.* (1983). Or ceux-ci n'étudient pas la sexualité de la femme paraplégique, mais un moyen de formation du personnel médical pour aborder ce sujet. Ils nous expliquent que la société associe belle image corporelle et possibilités sexuelles. Ils nous disent ensuite que les deux premières barrières nuisant à la rééducation sexuelle de la femme paraplégique sont le manque d'information et le fait que, si la femme ne pose pas de questions sur ce sujet, c'est parce que cela ne l'intéresse pas, ce qui rassure le corps médical et lui permet d'ignorer ce problème. Ensuite, ils proposent un moyen de formation des personnes chargées de rééduquer les femmes paraplégiques. Des groupes sont constitués, avec des discussions pour cerner les points difficiles à aborder; des cassettes vidéo sont projetées et commentées; les jeux de rôles sont utilisés.

Ces méthodes me paraissent plus intéressantes que les cours magistraux, car dynamiques et vivantes; cependant, il est dommage que les auteurs n'aient pas développé justement ce qui pose des problèmes aux conseillers, et les solutions qu'ils ont apportées.

T. M. Cole *et al.* (1973) reconnaissent que tous les écrits au sujet de la sexualité de la femme paraplégique concernent la menstruation, la procréation, la grossesse et l'accouchement.

Plusieurs raisons participent à ce fait que la femme soit moins étudiée que l'homme concernant la sexualité :

- il y a environ deux fois plus d'hommes que de femmes paraplégiques, les origines de la pathologie étant le plus souvent dues aux accidents de la circulation plus ou moins associées à l'alcool et aux accidents du travail ;
- depuis des siècles, la femme est considérée comme moins sexuée mais plus maternelle que l'homme ;
- la souffrance de l'homme blessé médullaire est bien plus visible que celle de la femme. Les signes extérieurs de sa déficience sont repérables, mesurables, et donc plus facilement sujets à étude. La femme se présente extérieurement comme ayant moins de problèmes. De plus, la quantification de son plaisir et de son orgasme semble plus difficile.

Archétypes socioculturels caducs des rôles sexuels

Je voudrais de façon très schématique, *volontairement caricaturale*, mettre en parallèle la façon de concevoir la sexualité pour l'homme et pour la femme. Cette vision permet de comprendre pourquoi l'homme est beaucoup plus sujet à études et pourquoi son problème est plus difficile à dépasser que celui de la femme.

L'homme devient impuissant alors qu'il met beaucoup de sa fierté et de son honneur dans sa sexualité par pression sociale et culturelle :

- il le vit comme une grande humiliation, un échec, une atteinte très profonde de son intégrité ;
- son impuissance est visible extérieurement, il la voit et elle peut donner lieu à commentaires ;
- souvent, il ne peut vivre un rapport sexuel avec pénétration. Il se sent dégradé ;
- il ne peut plus « donner » de plaisir, par le coït, à sa partenaire dans le sens de l'offrande du sexe et du sperme. Le désir physique souvent traduit par l'érection est moins visible pour sa partenaire ;
- de façon spontanée, l'homme a peu de possibilité de procréer, il est donc très touché dans sa capacité de paternité future ;
- sa vision en général plus centrée sur la fonction sexuelle que sur l'affectivité ne l'aide pas à envisager de nouvelles solutions.

Les sensations génitales de la femme sont modifiées :

- sa blessure n'engendre pas un réel sentiment de honte, la femme dans notre culture (la « Sainte Vierge », mère sans rapport sexuel) n'est pas valorisée par ses conquêtes sexuelles. Refuser des avances sexuelles est plus glorifiant que d'aller facilement ou souvent à la relation par besoin physique. La relation sexuelle a lieu en principe avec un sentiment d'amour.

  Blessée médullaire, elle ne vit donc pas un événement honteux ; si elle est angoissée par la modification de ses sensations, et par son avenir sexuel, il n'y a pas de jugement de valeur dépréciatif de son nouvel état ou de jugement pénalisant dans le fait d'avoir à réduire sa vie sexuelle.

– son traumatisme est invisible extérieurement. Elle ne voit pas de modification physique extérieure ce qui est important pour l'image de soi et l'intégrité corporelle. Les modifications de formes ne peuvent donner lieu à commentaires ;
– ses possibilités de rapports sexuels purement mécaniques sont conservées, elle peut donner du plaisir à son partenaire ;
– elle conserve le privilège de pouvoir être mère ; or, pendant longtemps, on pensait que c'était par la maternité que la femme se réalisait ;
– grâce à sa vision plus globale de la sexualité elle trouve plus facilement des modes de compensation : affectivité, sensualité, para-orgasme.

7

Indications pratiques concernant l'homme

COÏT ET PLAISIR FÉMININ

> « Gebhard P.H. trouve qu'il n'y a pas de corrélation positive entre le bonheur dans le mariage et la possibilité d'orgasme. La corrélation est très positive entre la durée du mariage et l'habitude des caresses préliminaires provoquant une excitation et un orgasme plus intense chez la femme. »
> (M. Charazac-Brunel, 1981.)

En discutant avec des hommes atteints, je retrouverai régulièrement cette angoisse : est-il possible d'amener une fille au plaisir sans coït, ou du moins peut-elle se satisfaire d'une relation physique fondée uniquement sur les caresses et l'oralité ?

C'est là qu'il faut le plus souvent intervenir devant leur demande lourde d'angoisse. Il est nécessaire d'*expliquer l'anatomie féminine*, car ils ne la connaissent pas toujours, les zones sensibles, les moyens de stimulation afin d'accompagner la femme jusqu'à l'orgasme sans coït.

On peut expliquer alors qu'une pénétration simple, sans préliminaires, avec une éjaculation rapide, ne satisfera pas une femme, sauf circonstances particulières, cet acte pouvant être vécu plutôt comme une rapide masturbation intra-vaginale que comme un acte d'amour.

À propos de l'orgasme vaginal et de l'orgasme clitoridien, « Masters et Johnson n'ont, expérimentalement, pas observé de différences. Cette distinction est levée, semble-t-il, par la distinction entre orgasme rassasiant et orgasme non rassasiant. » (M. Charazac-Brunel, 1981.) Il semble que l'orgasme clitoridien, vaginal, « pénien », anal, le para-orgasme soient globalement le même. Pour un même mode de déclenchement de l'orgasme, le ressenti peut être modifié dans sa qualité et son intensité d'une fois sur l'autre. Alors, comment comparer, pour les différents individus et entre toutes les sortes d'orgasmes, et prétendre déterminer catégoriquement quel est celui qui comble le plus ? Polémiquer sur la distinction épanouissante de l'un par rapport à l'autre me semble être une mauvaise base d'étude. Se sentir comblé, rempli, chaudement rassasié, voilà l'important ; que ce soit par la stimulation vaginale, clitoridienne, anale, la masturbation ou le coït, qu'importe ? Cependant, « la sensation subjective d'intensité d'orgasme semble être toujours fonction de l'intensité des phénomènes physiologiques observés objectivement. » (M. Charazac-Brunel, 1981).

La base de la discussion avec les hommes blessés est de leur laisser entendre qu'une femme peut être pleinement satisfaite d'une relation sans coït. Donc, qu'ils peuvent établir ou conserver une vie à deux. *Une seule chose est importante* : les valoriser. Leur dire que la vie à deux est possible. *Il faut croire à leur place, le temps de leur permettre de croire à leur tour.* « On peut très bien satisfaire une femme sans sa verge. Aimer une femme, c'est avoir une envie folle, extraordinaire, intense, de donner... Donner un regard, un sourire, un baiser, une caresse, sa vie... tout... et surtout, tellement de tendresse... Quelle femme n'en serait pas épanouie ? » (P.-A. Chapelle, 1989.)

Il est utile d'insister alors sur les autres possibilités de satisfaction d'une femme sans pratiquer le coït. Ils ont des mains, une bouche, une langue, *un corps*. À eux de savoir explorer le corps de leur partenaire dans sa totalité. Caresser le clitoris, la vulve, le vagin avec les doigts, ou introduire une langue avec délicatesse ou fougue, peut être autrement plus érotique qu'une simple pénétration traditionnelle. Ils peuvent apprécier le contact d'une peau, les courbes d'un corps, les parfums légers ou suaves. Ces éléments aussi font partie de l'amour. S'ils amènent au plaisir une femme par l'intermédiaire de leurs caresses, de leurs doigts, d'artifices, ou par le cunnilingus, ils n'ont alors pas de soucis à se faire. La frontière entre les caresses amoureuses et l'acte sexuel au sens strict n'est qu'un voile transparent.

Si par hasard la femme désire une pénétration plus volumineuse et plus profonde que ne peuvent le réaliser les doigts, il existe des *godemichets et vibromasseurs* de tailles multiples et de formes variées, aux prix tout à fait abordables, et qui peuvent très bien convenir (on les trouve dans les supermarchés, dans certains catalogues vestimentaires de vente par correspondance, et, bien sûr, dans les sex-shops, eux-mêmes mieux achalandés). Ils peuvent donc choisir la taille en fonction de leurs fantasmes communs. L'introduction de cet accessoire peut se faire selon des modes variés, par exemple en excitant manuellement ou buccalement le clitoris. Une douce sensation de volupté va alors s'épanouir chez la femme, son plaisir grandir, puis vivre. Si cette « gymnastique » est faite dans un *climat d'amour*, de tendresse, d'échange réciproque, pensez-vous que la femme irait chercher ailleurs du plaisir, leur demandais-je alors ?

Les études recensées par G. E. Higgins (1978) retrouvent l'idée que les personnes blessées médullaires désirent surtout pouvoir procurer du plaisir à leur partenaire. Leur propre plaisir venant en deuxième position.

« Selon le Tao, les rapports sexuels ne pouvaient nuire à une femme qu'en un seul cas : si son amant était inexpérimenté et la laissait perpétuellement insatisfaite. C'est pourquoi le Tao de l'art d'aimer faisait de l'orgasme féminin un de ses principes essentiels. » (J. Chang, 1977.)

L'ÉRECTION AU CENTRE DES QUESTIONS

Dans les années 80, d'après Noël François la question essentielle était de savoir comment obtenir une érection. Or, en 1989, dans les régions où l'éducation du paraplégique a bien évolué, les principaux motifs de consultation sont de savoir comment faire un enfant. Le reste étant compris. Pour ma part, l'érection reste la question principale qui me sera posée autant du côté des paraplégiques que du côté des soignants, inquiets de savoir que répondre.

En général, 59 % peuvent effectivement réaliser un coït (N. François, 1981). Les autres peuvent utiliser des

« moyens » (masturbation, élastique garrot, érecteurs à dépression, vibromasseurs, pénis plastifiés emboîtables, godemichets, injection intra-caverneuse, viagra* et en dernier recours les prothèses péniennes). On rappelle que la possibilité de récupération sexuelle neurologique peut mettre jusqu'à cinq ans. Cela permet à l'homme de ne pas devenir impuissant de façon psychogène alors qu'il pourrait très bien avoir des rapports sexuels mais qu'il ne s'en croit pas capable.

« Dans les lésions incomplètes tout peut se voir : depuis un comportement normal jusqu'à celui trouvé dans les lésions complètes. » (J.-P. Willot *et al.*, 1988.)

Mis à part la masturbation, qu'il n'est sans doute pas nécessaire d'expliciter, d'autres techniques, destinées à soutenir, améliorer, faciliter ou suppléer une érection éventuellement défaillante, demandent à être détaillées.

Le Baclofen (Liorésal*) prescrit comme antispastique réduit fréquemment « à la fois la qualité des érections et la survenue des éjaculations [...] Les patients doivent être prévenus de cet effet secondaire » (P. Denys *et al.* 1996).

L'élastique garrot

Il existe un moyen simple lorsqu'il existe une érection spontanée mais dont la durée n'est pas suffisante ou dont la rigidité fluctue pendant la relation sexuelle. C'est la mise en place à la naissance du pénis « d'élastiques ou de bagues (siliconées ou en latex) permettant de retenir le sang piégé dans les corps caverneux. On peut également utiliser un collecteur d'urine d'un diamètre inférieur à celui qu'emploie habituellement le patient (en ayant coupé l'extrémité distale). L'intensité du serrage, à la base de la verge dépendra du nombre de tours : si l'on garde le collecteur roulé, la constriction est maximale; plus on le déroule, moins elle est importante » (C. Fakacs, 1996).

Ce garrot ne doit pas rester en place plus de 25 minutes, sinon on s'expose à de graves complications. Gare à un endormissement post-coïtal, à vouloir essayer un peu plus longtemps, aux élastiques trop serrés. C'est pourquoi cette méthode qui est anodine bien réalisée ne doit pourtant être prescrite qu'à des personnes qui savent se prendre en charge et qui sont suffisamment responsables de leur santé.

L'érecteur à dépression

L'appareil est simple: il s'agit d'un cylindre en verre ayant un peu la forme d'une cloche. D'un côté l'homme introduit son pénis, l'autre extrémité du Vacuum étant reliée à une pompe permettant d'établir un vide relatif et donc l'érection de la verge. Un anneau constricteur est donc placé par le patient à la base de sa verge pour maintenir l'érection. L'opération prend en tout quelques minutes. De la même façon que précédemment, l'élastique constricteur ne sera pas laissé en place plus de 25 minutes sous peine de conséquences graves.

Cette méthode est facile à utiliser, non agressive et il n'existe pratiquement pas de risque si l'homme n'oublie pas d'enlever l'anneau constricteur.

Ch. Fakacs (1996) remarque que le rapport efficacité/risque de la méthode est tout à fait intéressant. Les résultats sont meilleurs quand la technique est choisie par le couple et non par l'homme seul. Cette méthode qui utilise un matériel volumineux est à proposer plutôt aux couples « établis » qu'à un jeune sans partenaire régulière. S. Mimoun (1991) dit au sujet du vacuum à pression négative: « Ce moyen nécessite souvent une plus grande complicité au niveau du couple, il est rarement utilisé par l'homme seul, mais a l'avantage de la tolérance. »

Cette technique a l'inconvénient mais aussi l'avantage de faire participer les deux partenaires dans le couple. Ils sont obligés, chacun, d'y « mettre du sien », de chercher ensemble une autre façon de faire, de s'attendre, de se mettre davantage à l'écoute l'un de l'autre pour se trouver ou se retrouver.

L'utilisation peut également être réalisée en alternance des injections intra-caverneuses pour éviter des injections trop fréquentes ou trop importantes et donc l'apparition de complications. Le vacuum peut aussi être proposé en cas d'échec de méthode médicamenteuse en prise orale ou par injection... « Les problèmes de gland mou, gêne à la pénétration, fréquents avec les injections intra-caverneuses sont, avec les vacuums, inexistants »(Ch. Fakacs, 1996).

« Compte tenu du prix (1200 F à 4000 F), un essai avant achat m'apparaît absolument indispensable. De plus cette consultation permet de déterminer le diamètre de l'anneau constricteur. C'est pourquoi je dispose de plusieurs modèles. Une fois la détermination du calibre de l'anneau faite, je conseille toujours aux patients de commander (en plus du diamètre "réel") une taille en dessous (si l'érection reste insuffisante) et une taille au dessus » (Ch. Fakacs, 1996).

Le taux d'abandon de cette méthode est relativement faible, preuve de bon résultat sans trop de contraintes. On note également que cette méthode peut être utilisée même dans les cas de fibrose des corps caverneux (E. Amar, 1999).

Les pénis plastifiés emboîtables

Ils s'emboîtent sur le vrai s'il y a une érection défaillante mais présente, et s'adaptent par un système de coussinets.

Les godemichets

Ils peuvent être utiles et on peut se les procurer facilement. Mais surtout, le couple peut les utiliser sans avoir besoin de passer par une médicalisation (*cf.*, p. 73).

Le vibromasseur pour homme

« On utilise un gel lubrifiant avant de commencer le vibromassage. Le vibreur est appliqué dans un premier temps à la racine de la verge ou entre les bourses, puis le massage peut remonter le long du tiers moyen. [...] Pour des sujets incomplets et spasmodiques, on pense que le vibromasseur est trop agressif. [...] Cette méthode semble particulièrement efficace dans les lésions complètes, spasmodiques au dessus de D10, tétraplégies comprises. » (N. François, 1982.)

L'auto-injection dans les corps caverneux de produits vaso-actifs

Indiquer à l'homme une méthode pour avoir une érection, c'est lui donner une possibilité de retrouver confiance en lui. L'injection intracaverneuse est une technique récente de traitement des troubles de l'érection (1982). Elle permet l'érection et la rigidité cinq à dix minutes après l'injection, persistant de 15 à 45 minutes ce qui permet un rapport sexuel. Les corps caverneux se comportent comme une éponge. Au repos ils sont contractés et vides de sang. Lors d'une excitation sexuelle le tissu caverneux se détend et se gorge de sang sous pression, le sexe devenant en érection.

L'exploration préalable est un simple *doppler*, qui ne doit pas révéler de lésions artérielles. L'injection se fait dans l'un des deux corps caverneux de la verge en piquant au niveau de la face latérodorsale droite ou gauche de celle-ci.

Les premières injections de produits vaso-actifs dans la verge, ont étés réalisées par R. Virag (1982) et G. S. Brindley (1983). Le produit était alors la papavérine qui provoquait des érections de qualité suffisante pour permettre un rapport sexuel, mais des effets secondaires importants. Aussi la papavérine n'a plus l'agrément d'Autorisation de Mise sur le Marché (AMM). Le médecin peut encore la prescrire, mais sous sa propre responsabilité, car elle n'est plus indiquée légalement dans les troubles de l'érection.

Actuellement ce produit est supplanté par deux autres molécules aux effets secondaires moindres :

– le *chlorydrate de moxisylyte* (alphabloquant noradrénergique) : Icavex* et Erecnos*
– la *Prostaglandine* E1 : PGE1 (alprostadil) : Caverject* et Edex*

Ces deux produits ont tous les deux une bonne efficacité dans la para et tétraplégie. Comme ils n'ont pas tout à fait le même mode d'action, après échec de quelques injections à dose suffisante de l'un, on peut proposer l'autre. D'après P. Denys (1996), chez les personnes neurologiques la PGE1 est plus efficace aux doses usuelles et le Moxisylyte, à des doses faibles. Le risque de fibrose des corps caverneux est exceptionnel, le risque de priapisme est très rare, la tolérance est bonne et il n'y a pas souvent d'effets secondaires.

La papavérine est efficace mais on l'utilise plutôt en dernier recours parce qu'elle présente des risques de complications générales par action vasculaire et surtout de complications locales. En effet, elle peut engendrer des *fibroses* aux zones d'injection. Afin de les éviter, ne pas faire plus d'une injection par jour, pas plus de deux injections par semaine et respecter un intervalle de 24 heures entre deux injections.

Elle peut donner également comme complications locales un *priapisme*. C'est une érection prolongée de plus de trois heures qui peut être très grave.

Que faire en cas de priapisme (érection trop prolongée)?

Si l'érection dure 2-3 heures, il existe quelques petits moyens:

- essayer d'avoir une deuxième éjaculation;
- prendre un bain froid, appliquer de la glace ou un coton imbibé d'éther sur la verge;
- faire de l'exercice physique.

Si l'érection persiste 4-5 heures, on interviendra en milieu hospitalier (le médecin aura toujours donné un numéro de téléphone d'appel d'urgence):

- injecter en intracaverneux 0,6 ml d'étiléfrine: effortil* (alpha et béta sympathomimétique), ce qui correspond à un peu plus d'une demi ampoule d'1 ml;
- ou ponctionner les corps caverneux à travers le gland (et non latéralement, pour éviter la formation d'hématome), et rincer au sérum physiologique contenant de l'héparine.

Efficacité et précautions des injections intra-caverneuses

L'efficacité du moxisylyte ou de la PGE1 est excellente, l'érection étant rigide et complète dans 95 % des cas. Si la personne présente un problème de gland mou, ce qui peut gêner pour la pénétration, ce dernier restera mou malgré l'injection alors que l'érection de la verge sera de bonne qualité. L'homme pourra guider manuellement sa verge à l'entrée du vagin afin d'aider à l'intromission.

La PGE1 se trouve à l'état naturel dans l'organisme, c'est un produit naturel qui agit de façon physiologique.

« La PGE1 inhibe les récepteurs alpha et a un puissant effet relaxant sur le muscle lisse vasculaire. Les tissus péniens de l'homme produisent des prostaglandines » (V. Nguyen, 1991).

L'érection provoquée par l'injection intra-caverneuse semble très naturelle, elle n'est pas « bizarre » et la partenaire le confirme. On peut insister sur ce fait car c'est une inquiétude qui revient.

En raison du passage des deux produits (Alprostatil et chlorydrate de moxisylyte) dans le sperme et le liquide séminal, le **traitement sera évité chez les hommes dont la partenaire est enceinte ou susceptible de l'être**.

Les patients apprennent par leur médecin à réaliser leur injection. On commencera toujours par de faibles doses, sachant que l'on peut augmenter progressivement afin de déterminer la dose minimale efficace. En général, les doses sont plus faibles quand la lésion est de niveau cervical et plus élevées dans les lésions basses.

Il est préférable que l'équilibre vésico-sphinctérien soit bien acquis. Cependant, si l'homme peut vivre sans sonde, ni pénilex, mais qu'il existe de temps en temps une petite fuite, l'injection intracaverneuse peut être réalisée. Lors du coït, afin d'éviter toute inquiétude, la mise en place d'un préservatif sur la verge est une bonne solution.

L'injection se fera en général après s'être préparé pour s'installer sur le lit, un peu avant de commencer les caresses amoureuses. La femme peut faire elle-même l'injection, selon la préférence du couple. Le jeu sexuel a lieu ensuite, tout se passe très naturellement. Ponctuellement l'homme peut, s'il préfère, éviter d'en parler à sa partenaire, qui ne s'apercevra de rien, étant donné que l'érection provoquée aura un aspect physiologique.

Cette méthode a un effet à la fois organique (érection) et psychologique (réassurance, diminution de l'anxiété). Elle permet également de traiter les impuissances psychogènes qui ont un support organique plus ou moins important.

La prise orale de Viagra* (Sildénafil)

Une étude épidémiologique (F. Giuliano *et al.*, 1994) concernant les hommes valides et handicapés, de plus de 18 ans, en France, a retrouvé que 11 % (1 homme sur 10), c'est à dire 2,4 millions d'hommes ont des troubles de l'érection de manière significative, les empêchant d'avoir des rapports sexuels. Mais seulement 22 % d'entre eux vont consulter.

Manque d'information sur le fait qu'on peut faire quelque chose ? Gêne ? Culpabilité ? Pas envie de changer ou du moins d'en parler ? A qui s'adresser ? Déficit d'information du praticien qui ne sait à qui re-adresser ?

Le Viagra* est très efficace, environ 70 % de réponse positive chez l'homme blessé médullaire. L'érection obtenue permet un rapport sexuel avec pénétration. En pratique, selon les personnes, on propose l'injection intra-caverneuse ou le Viagra* en premier. Si l'un n'est pas efficace, l'autre l'est souvent. En principe, entre les deux produits, l'homme doit pouvoir obtenir une érection.

Cette méthode est en pleine expansion grâce à sa facilité d'utilisation. Le sildénafil est une molécule inhibitrice d'une enzyme, la phosphodiestérase caverneuse. Il renforce ainsi l'action d'un composé, le GMPc (guanosine monophosphate cyclique) en l'empêchant d'être dégradé par cette enzyme. Il amplifie donc le phénomène de l'érection (relâchement du muscle lisse caverneux et augmentation du flux sanguin) s'il y a stimulation sexuelle. Avec le Viagra*, l'érection n'est déclenchée qu'après stimulation sexuelle. Cette méthode est donc mieux perçue au sein du couple parce que la femme participe à la venue de l'érection de son conjoint et leur relation affective, sensuelle et sexuelle semble très naturelle.

Après la prise orale d'un comprimé de Viagra* (souvent 50 mg) une heure environ avant d'avoir une relation sexuelle, le médicament agit ensuite pendant 4 heures. La dose est moindre ou peut être augmentée en fonction de la tolérance et de l'efficacité sans toutefois dépasser 100 mg par jour.

Une revue de la littérature ne note pas de différence d'efficacité entre l'utilisation du Viagra* chez les personnes de plus ou de moins de 65 ans. Seulement, pour les plus de 65 ans, on commencera systématiquement par des doses plus faibles c'est à dire de 25 mg pour préserver la fonction rénale et selon la tolérance la posologie pourra être progressivement augmentée.

On réalise **un examen cardio-vasculaire complet pour avis avant la première prescription** (examen clinique, auscultation, ECG). On ne pourra prescrire de Viagra* lors d'**une hypotension sévère (inférieure à 9/5 cm de Hg) ou lors d'un trouble héréditaire dégénératif connu de la rétine** (comme **la rétinite pigmentaire**). Le Viagra* ne doit pas être associé aux poppers (substances qui libèrent du nitrite d'amyne) ni à d'autres traitements des troubles érectiles.

Le Pr. A Leriche (Lyon) précise que « le sildénafil, doit être utilisé avec prudence chez les patients présentant une malformation anatomique du pénis (angulation, sclérose des corps caverneux, maladie de La Peyronie) ».

La recherche travaille dans plusieurs directions

Des associations de produits ou nouveaux produits utilisables par voie intra-caverneuse.

L'injection intra-urétrale pour l'homme: grâce à une sonde, l'homme introduit un produit (forte dose de prostaglandine associée à un alpha bloquant) directement dans son urètre. Les résultats ne sont pas encore dépourvus de risque et quand l'urètre est abîmé par les autosondages, l'absorption du produit n'est pas fiable.

Un spray nasal de molécules de Viagra* pour l'homme: Ce moyen simple aurait l'avantage de ne pas être invasif.

Des traitements à base d'hormones classiques ou « anti-vieillissantes » délivrés en patch transcutané sont étudiés

Des médicaments utilisables par voie orale :

- l'Uprima* (chlorhydrate d'apomorphine) qui agit sur le système nerveux central efficace pour les personnes valides et qui sera étudié lors de lésions médulaires ;
- produits **à base de molécules équivalentes au sildénafil ou d'association de molécules**.

Les prothèses péniennes

La mise en place d'une prothèse pénienne est une solution finale qui se prend après avoir essayé tous les autres moyens. Bien que le résultat obtenu soit fiable et que l'aspect au repos et lors de l'érection soit très satisfaisants, on précise toutefois que le tissu érectile constitué par les corps caverneux est définitivement détruit pour mettre la prothèse à la place de ces deux corps caverneux. Ces derniers se présentent comme deux tubes cylindriques, accolés, disposés dans la verge sur toute sa longueur. On dit qu'ils sont disposés « comme les canons d'un fusil à deux coups » (M. Bouffard-Vercelli *et al.*, 1979).

Seulement 1 % des hommes paraplégiques demandent à se faire poser une prothèse pénienne. Après avoir donné toutes les informations, on leur fait observer un délai d'attente de deux à cinq ans après l'accident pour être certain qu'il n'existe pas de récupération neurologique. Ce temps écoulé, ces hommes reviennent souvent sur leur décision ayant appris à sublimer ou à vivre une relation amoureuse différente, sachant pourtant amener leur partenaire à l'extase par d'autres façons de faire que par la pénétration, et eux-mêmes éprouvant du plaisir autrement.

Avec la prothèse (mais également avec les médicaments sous forme de comprimés ou injectables), si l'apparence physiologique est bonne, la sensibilité, elle, n'est pas modifiée et ne revient pas si elle est absente… « Dans le cas d'une relation avec une personne handicapée, l'expression donner du plaisir prend vraiment tout son sens parce que les appareillages qui rendent dans certains cas une rigidité au membre de l'homme pour permettre la pénétration (prothèses péniennes, médications…) ne lui rendent pas sa sensibilité, il ne participe au coït qu'en spectateur du plaisir de l'autre » (J.-L. Simon, 1989).

Cependant, psychologiquement, il peut aussi être très agréable de voir son propre sexe en érection ou de pouvoir réaliser un coït malgré l'absence de sensation.

L'indication de prothèse pénienne peut intéresser de nombreuses étiologies autres que la paraplégie étant donné que ce moyen remplace le phénomène de l'érection quand il est totalement absent. « Dans la pathologie médullaire, on peut poser l'indication d'une prothèse pénienne lorsque les myélomères S2 S3 S4 sont situés dans le syndrome lésionnel, rendant l'érection impossible » (O. Dizien, 1992).

Trois types de prothèse sont actuellement proposés :

- Les prothèses semi-rigides constituées de paires symétriques en élastomère de silicone, pliables à la base ou non. Elles peuvent induire une gêne sur le plan social et dans le couple dû à l'aspect rigide permanent du sexe.
- Les prothèses gonflables à deux ou trois pièces permettent une érection commandée qui semble naturelle, mais le risque de pannes lié à des fuites ou autres complications existe.
- Les prothèses semi-gonflables (à réservoir dans la prothèse) aussi appelées prothèse gonflable à une pièce associent les avantages des prothèses semi-rigides et gonflables. L'érection est à la commande, réalisée par pression d'une pompe placée sous la base du gland qui permet le passage du liquide de la prothèse dans un cylindre creux situé à la place des corps caverneux, qui se rigidifie alors. La verge redevient flaccide en la pliant à la base. Ce type de prothèse est fiable.

Après la mise en place de la prothèse, il existe par la suite un risque de 10 % environ de complication urologique. Un changement de type de prothèse peut être éventuellement réalisé.

Les relations sexuelles sont autorisées au bout d'un mois après la mise en place chirurgicale.

« 64 à 100 % des hommes sont satisfaits selon les études. Les partenaires s'estiment satisfaites de l'érection par prothèse dans 75 à 90 % des cas. Le taux de satisfaction est plus élevé avec les prothèses gonflables qu'avec les semi-rigides. La vie affective du couple est améliorée par la possibilité d'avoir des rapports sexuels satisfaisants (60 %) » (M. Amer *et al.*, 1991).

Pour faciliter le coït

Le médecin à l'hôpital ou en centre de rééducation aura à expliquer aux hommes dont la paraplégie est haute (supérieure à D6) et à ceux atteints de tétraplégie, qu'ils devraient normalement avoir une érection de très bonne qualité donc qu'ils ne s'inquiètent pas à ce sujet, mais que la masturbation ou l'éjaculation risquent les premières fois de ne pas être agréables et d'être même désagréables. Cela peut provoquer une hyperréflexie autonome qui est un syndrome qui comprend entre autres des poussées de tension artérielle aux conséquences graves. « L'intensité des signes peut parfois faire contre-indiquer toute tentative d'éjaculation naturelle ou simulée » (J.-L. Turlan *et al.*, 1996).

Les premières masturbations, vibromassage et éjaculations dans les lésions supérieures à D6 se feront de préférence sous surveillance médicale pour évaluer la tolérance. « Une prudence extrême sera la règle en raison de l'instabilité végétative constante dans ce contexte. Le patient sera sous surveillance scopique du pouls et de la tension artérielle, avec présence constante du médecin et des moyens d'interventions adaptés disponibles sur place [...] Ce n'est que lorsque l'on sera certain de la bonne tolérance tensionnelle au cours de l'éjaculation que l'on pourra cautionner médicalement la reprise des rapports sexuels » (J.-L. Turlan *et al.*, 1996).

S'il persiste une hypertention modérée après quelques éjaculations, 1 comprimé d'Adalate* à mâcher est indiqué avant de se masturber ou avant un rapport sexuel.

Un traitement antispastique pourra être donné lors de contracture des membres inférieurs dans les lésions hautes. En revanche, lors de paraplégie, certains hommes s'aperçoivent que les contractures facilitent l'érection ou permettent l'éjaculation. Dans ce cas on évitera la prise d'antispastique avant un rapport sexuel.

Pour faciliter la venue de l'érection sans aide médicale, on peut presser le gland avec ses doigts plusieurs fois de suite, ce qui serait plus efficace que la masturbation traditionnelle, du fait des troubles de la sensibilité.

Pour l'homme comme pour la femme la base de la relation sexuelle pour éviter une fuite urinaire sera de **toujours de vider la vessie avant un rapport sexuel**.

Lors du rapport sexuel, l'homme va *éviter d'être dessus*. Dans ce cas, en effet, il soutient la totalité de son corps par ses bras, ce qui entraîne rapidement un épuisement et la perte de l'érection. La partenaire se placera donc sur lui, dirigeant la manœuvre, en s'occupant de faire naître et de maintenir l'érection. Si la qualité de l'érection n'est pas parfaite au moment de l'intromission, la femme va effectuer un mouvement dans l'axe sexe/pubis, et non s'asseoir verticalement sur le sexe, l'homme étant allongé sur le dos.

L'homme ou la femme peuvent s'entraîner afin de savoir guider, avec la main et les doigts, le sexe insuffisamment gonflé à l'intérieur du vagin. L'homme ou la femme peut alors serrer la base de la verge avec ses doigts en faisant garrot pour faciliter la tumescence si l'érection est présente mais insuffisante. Une fois la verge dans la cavité vaginale, la femme peut contracter ses muscles vaginaux pour enserrer fortement le sexe de l'homme puis relâcher, puis contracter à nouveau et ainsi de suite ce qui peut (mais pas toujours) entretenir l'érection et le plaisir de la femme.

On suggère de lubrifier la verge, parce que lors de troubles de la sensibilité, certains frottements (l'entrée du vagin, une masturbation perçue comme un peu longue, une petite irritation…) peuvent faire perdre l'érection, surtout les premières fois.

« Si une érection de bonne qualité est engendrée par vibromassage, il est conseillé de ne pas varier la position du corps pour le rapport. » (N. François, 1981.)

La partenaire peut rechercher les *zones érogènes* permettant une érection lors de leur stimulation (en général, la face antérieure des membres inférieurs, malgré l'absence de sensibilité apparente, conserve la possibilité de réflectivité sexuelle). Cette érection reflexe persiste en général tant que dure la stimulation, parfois elle permet une pénétration vaginale, bien souvent de très courte durée, mais elle est en général insuffisante pour un rapport sexuel. L'apparition de l'érection réflexe peut engendrer un plaisir visuel pour l'homme et la femme. Cependant, ces érections réflexes ne sont pas ressenties, donc elles peuvent ne pas être particulièrement recherchées non plus.

A. Leriche (1981): « Un paraplégique impuissant avec un centre médullaire sacré normal doit se traiter comme un impuissant psychogène banal. »

La rééducation doit aider à obtenir une érection par :
- l'information du malade sur ce qui a été dit plus haut,
- les aides mécaniques simples,
- la relaxation, la sophrologie,
- la thérapie,
- en derniers recours les prothèses péniennes.

La vessie

La vessie est souvent un grand problème, à la fois technique et psychologique. Un homme ayant actuellement une bonne rééducation vésicale va cependant préférer porter un pénilex, ce qui lui évite la crainte des fuites et lui apporte un confort de vie non négligeable. S'il prévoit d'avoir un rapport sexuel, il videra sa vessie, va enlever son collecteur d'urine et va faire sa toilette pour enfin être prêt. Il est recommandé d'éviter, si possible, de boire au cours des heures précédentes. En général, il n'y a, alors, pas de problème avec sa vessie durant deux à trois heures.

Cependant, ce n'est pas toujours aussi simple. En effet, la grande peur est la fuite urinaire. La peur est parfois si grande qu'elle peut empêcher de rencontrer quelqu'un. En ce cas, il est très utile de rassurer. « Si par hasard, il y avait une fuite d'urine ou de matières ? » Et alors ! On change les draps, ce n'est pas difficile. Cela peut causer une grande gêne, bien sûr, mais si la partenaire est au courant de ce risque, cela ne va pas la traumatiser. C'est un problème qui s'est présenté à de nombreux paraplégiques ou tétraplégiques au moins une fois.

« Et si on a envie d'aller uriner au mauvais moment ? » Il n'est pas bien sorcier de demander à sa partenaire un pistolet, récipient adapté qui sert à recueillir l'urine. On peut aussi lui demander de tourner la tête si elle dérange à ce moment-là, à moins qu'elle n'en profite elle aussi pour aller aux toilettes pendant ce temps.

Quelle est la fille qui oserait se vexer pour ça? C'est ce qu'on appelle « un besoin naturel ». Il m'a fait mal d'entendre que, de peur de choquer pour un problème d'urine, certaines personnes s'interdisaient de rencontrer une compagne quand l'occasion pourtant se présentait.

Pour tout ce qui concerne la façon de gérer ses urines lors de rapports sexuels se reporter à « Un amour comme tant d'autres ? » de Bernadette Soulier.

8

Indications pratiques concernant la femme

Les positions

En discutant avec les femmes, j'ai pu noter les positions qui leur sont les plus confortables ou agréables lors de la pénétration. Selon qu'il existe ou non des contractures en adduction des membres inférieurs, selon le goût personnel de chacune, leur poids, leur agilité à se mobiliser, une position est préférée, mais en principe le rapport sexuel est toujours réalisable.

La rééducation doit toujours s'évertuer à réaliser des postures en abduction pour éviter les contractures en adduction qui gênent le rapport sexuel.

L'homme doit éviter de s'allonger de tout son poids sur elle pour éviter la formation d'escarres ou de blesser la femme ;

mais s'il est attentif il me semble cependant que ce n'est pas en dix minutes, un quart d'heure, que se constituera une escarre. De plus, s'ils sont sur un matelas confortable, les risques sont encore réduits.

Les positions où la femme a les jambes fléchies sur ses épaules sont très prisées de celles qui ont une diminution des sensations génitales avec conservation de la seule sensation du fond du vagin. En effet, la pénétration est dans ce cas très profonde, ce qui permet alors de donner davantage de plaisir à la femme en augmentant les sensations.

S'il existe des contractures importantes des membres inférieurs en adduction et en flexion, un rapport *par voie postérieure* lorsque la femme est couchée sur le côté sera possible.

Il existe plusieurs variantes à partir de la position où la femme est *allongée sur le dos*, jambes écartées et souvent plus ou moins fléchies à cause des contractures. Elle peut ainsi accueillir l'homme :

– il peut s'allonger doucement sur elle, jambes allongées ;
– il peut la pénétrer en s'asseyant en face d'elle, jambes allongées écartées, passant de chaque côté de son corps. Elle peut placer ses jambes à demi-fléchies sur celles de l'homme, ou une dessus et une dessous ;
– il peut s'accroupir ou s'asseoir à genoux, eux-mêmes écartés, en face de la femme allongée ou demi-assise, une jambe ou les deux jambes levées reposant sur les épaules de l'homme ;
– il peut se mettre debout ou à genoux devant le lit, il soulève les jambes de la femme allongée sur le dos au bord du lit, tandis qu'il la pénètre ;

– il peut s'allonger sur le côté, perpendiculairement à elle et en regard de son sexe, qu'elle lui présente. Elle place ses jambes par dessus le corps de l'homme.

L'homme peut pénétrer la femme en étant derrière elle en faisant attention de lui soutenir le bassin afin de lui éviter les risques d'escarres du genou, et pour améliorer à son gré l'angle de pénétration :

– la femme se place à plat ventre sur le lit, les jambes hors du lit reposant à genoux sur un coussin ;
– elle peut se placer à genoux sur le lit, se pencher en avant, présentant ses fesses à l'homme. Cette position peut-être très appréciée ou au contraire difficilement réalisable à cause des contractures, de l'inconfort ou par le risque d'escarres des genoux qu'elle peut entraîner.

Si la femme est légère, l'homme peut s'asseoir et la prendre dans ses bras, lui permettant de s'asseoir sur son sexe en érection. Elle peut lui faire face ou lui tourner le dos à leur convenance.

La *pénétration anale* est très peu pratiquée à cause de la précarité de la rééducation sphinctérienne et donc par crainte de faire basculer un équilibre fragile.

L'ORGASME

Les sensations

« Lorsque le myélomère S2 est situé sous la lésion il peut exister un orgasme vagino-utérin différent de celui d'avant l'accident. » (O. Dizien, 1992.)

Certaines femmes ayant une insensibilité complète des organes génitaux ressentent la pénétration vaginale d'une façon particulière. Dire « absence de sensation » ne me paraît plus alors approprié. Elles disent percevoir lors de la pénétration des sensations difficiles à définir ou à comparer à quelque chose de connu. Une impression de fourmillement agréable mêlé de désir, de modification de l'intérieur de leur corps, enfin une perception indéfinissable. L'orgasme est alors perçu comme une sorte de bouffée de chaleur qui envahit le torse, se propageant dans le cou, parfois associée à des sortes de sueurs froides et à des frissons, et surtout comme une sensation de plénitude et de bien-être alors qu'apparemment il existe une insensibilité génitale totale.

D'autres ne percevront aucune sensation lors de la pénétration. Mais la stimulation de certaines parties du haut du corps par la bouche ou les mains peuvent les amener au para-orgasme, qui entraîne le même sentiment de plénitude et de détente que l'orgasme traditionnel.

Quand la pénétration n'est pas ressentie, la femme peut être angoissée de ne pas savoir si le coït a lieu, où en est son partenaire, s'il a déjà joui ou non. On conseille alors de mettre en mot ce qui se passe, de guider le sexe de l'homme dans le vagin. Accompagner le sexe du partenaire lors du coït permet également de bien sentir le moment de sa jouissance.

Dans les lésions supérieures à D6, lors du coït, un syndrome d'hyperréflexie autonome peut survenir. Dans ce cas on conseille la prise d'un comprimé d'Adalate* 1 heure avant le rapport.

Physiologie de l'orgasme

« Le clitoris est formé par la réunion des deux corps caverneux, organes érectiles analogues à ceux de la verge : leur terminaison en renflement s'appelle le gland du clitoris. [...] Les bulbes caverneux sont les deux autres organes érectiles placés de part et d'autre des orifices de l'urètre et du vagin. Ils sont l'équivalent du bulbe et du corps spongieux de l'homme. » (M.-J. Rouffet *et al.*, 1979.) Tous deux se terminent par le gland du clitoris ou de la verge.

M. Charazac-Brunel (1981) décrit les modifications physiologiques apparaissant au cours de l'orgasme: « L'observation directe au cours de la masturbation montre un changement de couleur des petites lèvres, qui deviennent rouge foncé, en même temps que leur épaisseur double. Cette réaction annonce le début de la phase orgastique. Au cours de l'orgasme féminin: contraction du tiers externe du vagin, contractions utérines, puis atonie utérine. [...] Le canal vaginal interne, observé à travers un pénis artificiel transparent, se dilate, tandis que les tissus externes du vagin se contractent à intervalles réguliers. La force de ces contractions augmente et culmine après la troisième ou sixième contraction puis décroît progressivement. Masters et Johnson observent des contractions de l'utérus au cours de l'orgasme, puis dans la période qui suit immédiatement, une béance du col. [...]

« La négativation de la pression intra-utérine semble nécessaire pour la production d'un orgasme rassasiant. [...] Des contractions des muscles lisses anaux et urétraux accompagnent l'orgasme aussi bien pour l'homme que pour la femme. Le sphincter anal se contracte involontairement de deux à cinq fois durant l'orgasme et simultanément avec les contractions génitales et urétrales. »

Un dérivé du Viagra* pour la femme, encore à l'étude

La structure des tissus sexuels de l'homme et de la femme sont très similaires. Au départ chez l'embryon c'est à partir d'un tissu sexuel identique que se fera la différenciation en homme ou en femme. Des produits similaires sont donc à l'étude sur la femme (comprimés et crèmes).

« Les effets du Viagra* lui-même ont été étudiés chez la femme. Une hypervascularisation du vagin est indéniablement retrouvée, mais il est difficile de dire s'il augmente le désir sexuel et la qualité de l'orgasme, aussi aucuns résultats n'ont encore été publiés » explique E. Paulin en 2001.

La vessie

La rééducation va s'évertuer à rendre la femme continente. Une femme paraplégique bien éduquée vidange sa vessie par percussion abdominale, par pression de haut en bas du ventre ou par autosondage 5 à 6 fois par jours. Entre les période de miction il ne devrait pas y avoir de fuites urinaires.

Vider sa vessie avant le rapport sexuel est la base à connaître pour éviter les fuites et se sentir bien pendant la relation sexuelle. En plus, pour diminuer le risque de fuite la femme évitera de boire pendant quelques heures avant.

Si malgré une bonne rééducation, un traitement médical adapté, il existe des fuites lors du rapport, plusieurs possibilités existent. La mise en place chirurgicale d'un sphincter urinaire, des plasties d'agrandissement de vessie… Certaines femmes ont une sonde urinaire à demeure, la possibilité de rapport sexuel persiste. La sonde est remonté du coté de l'aine et peut être fixée par un sparadrap sur l'abdomen, par exemple, pour permettre la pénétration.

Il existe également un obturateur urétral qui peut être mis en place avant le rapport sexuel, sorte de petit ballonnet gonflable qui ferme l'urètre et empêche l'écoulement inopportun d'urine.

Les femmes tétraplégiques ne peuvent pas réaliser les autosondages seules. Soit le partenaire peut le réaliser ponctuellement (ce n'est pas très bon pour le couple de mélanger habituellement sexualité et soins intimes), soit on peut envisager la sonde à demeure, ou un cathéter sus-pubien ou une dérivation continente.

La crainte des fuites urinaires ou fécales est la même que celle de l'homme. Il faudra réconforter de la même façon et insister sur la nécessité de parler librement mais avec précaution de ce problème à son conjoint sans l'effrayer. « Tout ce qui est dit n'est plus à dire. » Cela permet de clarifier et de banaliser la situation, et d'atténuer ainsi un grand facteur d'angoisse. Il existe ce même sentiment de honte, d'humiliation ou de révolte à ce sujet : « J'ai appris à mon fils à devenir propre, et moi, je ne le suis plus. Dans ma sexualité cela est très difficile à supporter. » (Une femme paraplégique, Le point carré, 1990.)

Pour tout ce qui concerne la gestion des urines et la relation sexuelle se reporter à « Un amour comme tant d'autres ? » de Bernadette Soulier.

LES SÉCRÉTIONS VAGINALES

En fonction du niveau médullaire de l'atteinte lésionnelle, le mécanisme d'apparition des sécrétions vaginales, quand elles sont présentes, est différent.

On peut cependant donner quelques conseils au couple et à la femme pour faciliter la survenu des sécrétions vaginales ou pour pallier à leur absence en considérant très schématiquement 3 situations :

- Soit le **niveau lésionnel est haut : au dessus de D10 (le centre D10-D12 étant intact). Il existe une lubrification mécanique également appelée lubrification réflexe** :

  Lors de stimulation du clitoris et de la région vulvaire, malgré l'absence de sensibilité des organes génitaux externes et internes, la femme aura une lubrification suffisante pour permettre un rapport sexuel avec pénétration vaginale. Cependant la femme peut ne pas vraiment éprouver l'envie d'être caressée au niveau génital si la sensibilité est absente ou même bizarre.

- Soit l'atteinte concerne **le centre médullaire dorsolombaire D10-D12 (centre de la lubrification) et il n'existe ni lubrification mécanique, ni lubrification psychogène** :

  Malgré le désir ou l'utilisation de fantasme, de films érotiques, de stimulation manuelle ou buccale, c'est " la panne ".

- **Soit l'atteinte est basse** :
  - avec **le centre sacré atteint, il existe une possible lubrification psychogène** (environ 25 % des femmes). Malgré l'absence de sensation des organes génitaux externes quand la femme ressent l'envie de faire l'amour avec son partenaire, la muqueuse vaginale s'humidifie et les sécrétions vaginales deviennent présentes sans qu'il y ait besoin de stimuler la sphère génitale. Souvent cette sécrétion est insuffisante et les gels lubrifiants sont fréquemment utilisés.

- avec **le centre sacré intact, il existe une possible lubrification à la fois psychogène et mécanique**.

Bien entendu, quand la possibilité de lubrification mécanique existe on va conseiller de stimuler au niveau génital avec les mains mais aussi avec la bouche et la langue avant de réaliser une pénétration et quand il persiste la possibilité de lubrification psychogène, on va travailler l'enrichissement de fantasmes ;

En pratique, il faut savoir qu'il existe la possibilité de recours aux crèmes lubrifiantes, afin de ne pas focaliser sur ce problème et éviter ainsi de nouvelles sources de conflit dans le couple. Ces crèmes améliorent le confort du rapport sexuel et sont utilisées mêmes chez les personnes valides.

Deux types existent, le choix se fera en fonction de la tendance à faire des infections gynécologiques ou urinaires lors des rapports, de l'odeur de la crème, de sa consistance et de sa tolérance. Ne jamais utiliser de vaseline qui colle aux muqueuses, dont le vagin, et dont on ne peut se défaire facilement ce qui augmente encore les risques d'infection. Les deux types de crèmes utilisables sont vendues en pharmacie.

– **Les crèmes spermicides** à base de chlorure de benzalkonium : Alpagelle*, Pharmatex*, Flexogyne*. Elles ont un rôle protecteur vis-à-vis des infections gynécologiques en empêchant l'ascension des germes vers les voies génitales hautes. Cette propriété est très intéressante dans la para ou tétraplégie à cause justement des risques infectieux très fréquents. De plus elles peuvent s'utiliser avec un préservatif.
– **Les gels hydratants intimes** sont compatibles avec un préservatif :

Durex top gel, Try, Premicia gel, Manix gel, Lubran gel, Esvegyne gel, Sensilube gel, Sensital gel, Taido gel, Terpan gel.

On insiste sur le fait que les préliminaires qui sont déjà physiologiquement très importants chez toute femme pour déclencher l'envie de faire l'amour vont prendre encore plus de valeur chez la femme blessée médullaire.

La spasticité des adducteurs

Elle concerne près de 20 % des personnes et peut gêner la pénétration.

Lors de la rééducation on s'astreint à faire réaliser des postures jambes écartées (en abduction) pour éviter au maximum les rétractions qui provoquent cette position caractéristique où les genoux et les chevilles sont collés (cuisses en adduction).

Si la femme ne peut écarter les cuisses, la pénétration pourra avoir lieu simplement si elle s'allonge sur le coté et que l'homme s'installe le long de son dos pour la pénétrer par derrière.

Quand la gêne est trop importante que ce soit pour l'habillage, dans la relation sexuelle ou au moment des règles, il est possible que le médecin injecte un produit alcoolisé (alcoolisation) dans les tendons des muscles responsables. Une pompe à baclofen peut être mise en place. Le chirurgien peut couper ou fragiliser les tendons qui provoque l'adduction excessive (ténotomie).

L'hyper-réflexie autonome (HRA)

Ce syndrome se manifeste par une hypertension paroxystique pouvant être gravissime, associée à un ralentissement du cœur, des contractures, des frissons, un flush (rougeur) de la face, une hypersudation sus-lésionnelle, des tremblements, une sensation de nausée et de malaise général plus ou moins accompagnée de céphalées pouvant être violentes.

Si certains signes du syndrome d'hyper-réflexie autonome persistent de façon atténués lors du coït, dans les lésions hautes supérieures à D6, la prise d'un comprimé d'Adalate* avant le rapport sexuel améliore le problème.

La contraception

Certaines me diront avoir eu une période d'absence de règles de trois à douze mois après l'accident (« trois à neuf mois », M.-J. Rouffet *et al.*, 1979) sans forcément qu'il y ait eu de traumatisme crânien (période où elles peuvent être fécondables au moment de la réapparition de l'ovulation); puis les cycles se régularisent rapidement. Il est donc nécessaire de les informer de cette éventualité de grossesse à la première ovulation, qui se situe quatorze jours **avant** la réapparition des règles.

Plusieurs contraceptifs différents peuvent être utilisés:

- **La pilule**

– Lors de paraplégie spastique c'est à dire avec des contractures des membres inférieurs, le risque de thrombophlébite est faible. Les contractions des membres inférieurs favorisent le retour du sang veineux vers le cœur. Dans ce cas seulement on pourra prescrire la pilule habituelle, œstroprogestative mini-dosée.

– Dans les autres cas, donc le plus souvent, la paralysie des membres inférieurs favorise la formation de caillots dans le sang et les risques de thrombophlébite deviennent trop importants, ce qui interdit formellement la prise d'œstrogènes et la pilule traditionnelle puisqu'elle en contient.

– En revanche dans tous les cas, la pilule progestative seule peut être utilisée. L'implantation dans le bras pendant 3 ans d'un bâtonnet délivrant de la progestérone en continu pourrait être intéressante car la progestérone diminue la durée des règles et leur volume mais peut parfois provoquer des effets secondaires gênants, notamment un spoting, perte de sang entre les règles.

• **Les Dispositifs Intra-Utérins (stérilets)** sont autorisés quand il existe une sensibilité des organes génitaux internes (B. Perrouin-Verbe, 1997), donc globalement dans les lésions en dessous de D11, mais ne sont pas recommandés lors d'absence complète de sensibilité des organes génitaux externes et internes c'est à dire dans les lésions hautes. Le fil du stérilet qui passe à travers le col de l'utérus pour se terminer dans le vagin est une voie d'infection relativement importante pour les personnes paralysées. Le risque d'infection est majoré par rapport à une personne valide. De plus l'infection peut ne pas être ressentie et avoir de graves conséquences sur la fertilité future. Enfin le stérilet peut (rarement) être éliminé spontanément sans que cela soit ressenti, en allant aux toilettes par exemple. La femme n'est alors plus sous contraception, sans le savoir. Tout ceci fait que le stérilet n'est placé que chez des femmes responsables qui savent se prendre en charge ou qui apprennent à se surveiller médicalement et à reconnaître les moindres signes d'alertes. Le stérilet est, malgré tout, un moyen très utilisé.

Des stérilets de petites tailles peuvent être placés chez des femmes n'ayant pas eu d'enfants.

Il existe un stérilet libérant de la progestérone à petites doses en continu : Mirena*. **Ce stérilet a l'avantage de diminuer très nettement la durée et le volume des règles, pouvant même pratiquement les faire disparaître**. Ceci est un avantage majeur pour les femmes para et tétraplégiques qui peuvent être très gênées pour se changer régulièrement.

• Le classique **préservatif** est très efficace s'il est associé aux gelées spermicides pour augmenter l'effet contraceptif, car personne n'est à l'abri d'une rupture du préservatif lors du rapport.

• **Le préservatif féminin (le Fémidon)** peut se trouver dans les centres de planning familial.

• **La méthode Persona** est excellente et pourrait être davantage utilisée. Elle est simple et fiable, sans prise de médicament…, mais un peu chère. Cette méthode s'adresse à toutes les femmes qui ont des cycles réguliers entre 23 et 35 jours. Huit fois par mois, elles trempent une bandelette dans leurs urines, ce qui mesure un taux hormonal qui s'inscrit dans le petit appareil. Chaque jour, la femme sait si elle est ou non fertile en jetant un coup d'œil sur l'appareil.

• Lors de risque de grossesse non désirée, **une seule pilule du lendemain** peut être utilisée par la femme para ou tétraplégique car elle est constituée seulement de progestatifs : Norlevo* (1 cp le plus tôt possible après le rapport sexuel non protégé et au plus tard dans les 72 heures suivantes. Puis 1 cp 12 heures après).

9

Procréation et grossesse

La procréation

« Les derniers progrès en technique de procréation médicalement assistée permettent l'obtention de grossesse, même si l'homme ne possède pas de spermatozoïdes en nombre et en qualité normaux. » (L. Bujan, CECOS Toulouse.)

Ainsi, si le taux de procréation naturelle des hommes est de 5 % (N. François, 1982), il est actuellement passé à 30 % grâce à certaines techniques d'induction artificielle de l'éjaculation (O. Dizien, 1992). Celles-ci peuvent permettre un coït ou permettre la récupération du sperme. Ce dernier sera alors utilisé par insémination artificielle de la partenaire. L'on peut garder en mémoire que même les couples valides ne peuvent pas systématiquement avoir une grossesse. Actuellement, les possibilités d'avoir un enfant sont tout de même assez importantes. Si un couple est suffisamment motivé, il peut faire la démarche ; cela en vaut vraiment la peine.

Avant de se lancer dans des tentatives de recueil de sperme, et donc dans tout un processus médicalisé qui n'est pas toujours simple, il est déjà nécessaire d'être deux. Ensuite, la fertilité de la partenaire doit être vérifiée par un bilan médical. Enfin, la prise en charge de tels patients ne peut se faire qu'au sein d'une équipe pluridisciplinaire permettant une approche globale de la fertilité des deux partenaires du couple.

Un patient qui veut récupérer du sperme doit être très motivé pour réussir, car c'est toujours une épreuve que d'aller consulter à ce sujet, d'apprendre une technique, de devoir faire des essais plus ou moins réussis au début, de vivre l'inquiétude de savoir s'il y aura réussite ou échec.

« Le centre de l'éjaculation se situe sur les myélomères D10 L2 (centre dorso-lombaire). La mise en jeu de l'expulsion saccadée et en jet du liquide éjaculatoire est sous le contrôle des métamères S2 S3 S4 (centre sacré). » (O. Dizien, 1992.)

Le liquide séminal de l'homme blessé médullaire contient, en général, un nombre faible de spermatozoïdes, de morphologie essentiellement normale (55 %), et ceux-ci ont une diminution de la mobilité. C'est la conséquence :

- de la lésion médullaire ou, plus vraisemblablement,
- de l'élévation de la température scrotale,
- du déficit d'irrigation vasculaire, et
- des infections chroniques.

Des tentatives de dispositifs permettant d'écarter les testicules de la paroi du corps pour éviter l'hyperthermie ont été réalisées. K. Charvier (2001) explique que des slips réfrigérants ont été réalisés mais que ces moyens ne sont pas usités. En fait, il est vrai que l'on conseille aux hommes en fauteuil de changer de position, de laisser au maximum leurs testicules à l'air libre. Mais actuellement, une meilleure prise en charge des troubles urinaires diminue les risques d'infections irréversibles, on provoque le plus tôt possible l'éjaculation et on s'attarde moins sur le fait de régulariser la température scrotale.

Le problème des infections chroniques est le plus difficile à résoudre et le plus grave, d'autant que ses conséquences sont souvent irréversibles.

Le risque de la perte de la qualité du sperme dans le temps pouvant aller jusqu'à la stérilité pour certains, incite le praticien à devoir expliquer au patient ce risque et à lui proposer de **placer ses spermatozoïdes en banque le plus tôt possible après l'accident avant que ne surviennent des complications** urogénitales. Si le patient refuse on peut alors lui suggérer de le faire plus tard, lors d'un recueil de sperme pour fécondation, tout en sachant que le sperme risquera d'être de moins bonne qualité. Quand c'est possible, ce qui n'est pas toujours le cas même chez l'homme valide, le sperme se conserve alors sans problème durant toute la vie du sujet. Si l'homme désire en récupérer pour avoir un enfant, il l'a ainsi à sa disposition sans devoir recommencer toute la technique de prélèvement. Dans certains centres, le recueil de sperme a lieu alors qu'il est encore intact dans les 15 jours qui suivent l'apparition de la paralysie médullaire.

Les hommes qui peuvent obtenir une éjaculation ont, selon avis médical, intérêt à entretenir ce phénomène tous les 20 jours environ. C'est la meilleure fréquence observée pour améliorer la qualité du sperme au fil des éjaculats. De plus, cela permet de lutter contre l'apparition de rétraction de verge ou d'améliorer une rétraction de verge, complication qui peut apparaître lors de paralysie.

Il existe plusieurs méthodes afin d'obtenir un éjaculat :

- deux façons de faire sont très simples et réalisables à domicile, peu médicalisées, donc à tenter systématiquement en premier lieu (masturbation, vibromasseur). Le recueil de sperme se fait à domicile dans un flacon. Le couple fait lui-même l'insémination artificielle. Grâce à une pipette ou une seringue, l'homme dépose le sperme au niveau du col de l'utérus au fond du vagin. C'est l'insémination intra-vaginale ;
- les autres méthodes ont lieu en milieu hospitalier (Gutron* associé ou non au vibromassage, électroéjaculation par sonde endorectale, ponction-aspiration ou biopsie chirurgicale) ;
- plus rare est la méthode chirurgicale mise au point par G. S. Brindley : le stimulateur implanté dans le plexus hypogastrique ;

Est tombée en désuétude par excès d'effets secondaires : l'injection intra-rachidienne de néostigmine. De même, l'injection d'ésérine* (physiostigmine) qui a été beaucoup utilisée ces dernières années ne se fait plus. Ce produit n'est plus fabriqué ni vendu en France. Le Gutron* a pris le relais.

Le choix de la méthode dépend du type et du niveau de la lésion.

Si la lésion est incomplète, l'éjaculation se fera par rapport sexuel ou par masturbation ou vibromassage léger, le sperme étant ensuite déposé au fond du vagin.

Si la lésion est complète :

- Lésion haute, supérieure à D10 : on utilisera le vibromasseur ;
- Si la lésion est intermédiaire, concernant D10L2 (ce qui touche les centres médullaires de l'éjaculation) après essai des autres méthodes, c'est le plus souvent le prélèvement chirurgical qui se fera ;
- Si la lésion est basse sous L2 c'est l'électroéjaculation par voie endorectale qui sera pratiquée.

Techniques de recueil de sperme

Le recueil de sperme peut survenir sur une verge molle ou en érection. Parallèlement à l'éjaculation, un recueil d'urine à lieu pour vérifier la présence ou non d'éjaculation rétrograde.

- *La masturbation ou le vibromassage pour homme, associés aux fantasmes*

Ces méthodes peu médicalisées peuvent facilement être réalisées à domicile.

Ces deux méthodes simples et mécaniques (masturbation, vibromassage) sont particulièrement adaptées lors de **lésions hautes de C1 à D10** puisque les possibilités de stimulation mécanique persistent. Le centre médullaire D10L2 doit être sain. Cependant dans les lésions basses incomplètes (lésion partielle du centre dorso-lombaire D10L2, ou des lésions basses sous L2) on peut quelques fois obtenir un éjaculat par ces moyens.

On se méfiera toujours du risque d'HRA chez les personnes de niveau supérieur à D6 dont on surveillera la tension artérielle.

« 87 % à 100 % des patients peuvent obtenir des éjaculations principalement par stimulation naturelle ou par vibromassage. Les éjaculations peuvent être de type antégrade, antégrade avec quelques reflux dans la vessie ou strictement rétrograde » (F. Courtois, 1997). Ces chiffres paraissent quelque peu démesurément bons par rapport à ceux donnés traditionnellement. Mais ils sont en grande partie dues à l'expérience, l'application des possibilités de chacun et des différents moyens de stimulation selon le modèle neurophysiologique, à une éducation du patient sur ses capacités éjaculatoires, à une dose non négligeable de patience, de persévérance, de bonne entente dans le couple et/ou d'un lien positif avec le sexologue. Ces méthodes simples doivent être mieux utilisées afin de limiter les méthodes plus invasives.

La masturbation n'est pas forcément à décrire, mais souvent la stimulation doit être de longue durée ce qui peut provoquer douleur et érosion sans forcément aboutir à une éjaculation. Une lubrification est nécessaire.

Le vibromasseur pour homme (Ferti Care*) ressemble à un sèche-cheveux au bout duquel est apposé une pastille vibrante, circulaire et plate où existent de nombreux reliefs. Ce vibromasseur est assez léger ce qui permet à l'homme tétraplégique de pouvoir l'utiliser seul. Sinon, dans les tétraplégies très hautes, le partenaire ou l'assistant manipule le vibromasseur. Le pénis sera lubrifié dans son entier. La vibration est localisée sur le gland, le frein du prépuce et parfois sur la base de la verge avec stimulation entrecoupée d'arrêts ponctuels jusqu'à l'obtention de l'éjaculat. « L'application de cette méthode au paraplégique fut faite pour la première fois par Colmarr (1970). Son extension et son utilisation habituelle date de 1979 » (N. François *et al.*, 1983). Le vibromassage permet de recueillir un éjaculat quand la masturbation simple se révèle insuffisante, et donne moins d'émission rétrograde avec une semence de meilleure qualité qu'avec l'électrostimulation endo-rectale.

Les fantasmes sont à travailler en sexologie afin de permettre à un homme ayant une lésion complète basse (sous L2) ou incomplète haute (de C1 à L2) de pouvoir obtenir un éjaculat en utilisant la stimulation psychogène (fantasmes, ouïe, odeur, vision). L'homme paraplégique va apprendre à compenser certaines sensations corporelles perdues par une faculté fantasmatique absente avant l'accident.

- *La stimulation chimique: le Gutron* (chlorydrate de midodrine)*

Ce médicament sympathostimulant (1cp à 2,5mg jusqu'à 10cp au maximum) peut être utilisé seul ou associé aux façons de faire précédentes (masturbation, fantasme et vibromassage). On surveillera l'évolution de la tension artérielle pour contrôler les risques d'hypertension provoqués par le médicament.

Les injections sous-cutanées d'ésérine* (physostigmine) pour stimuler le centre dorso-lombaire ne sont plus utilisées. Le produit n'est plus fabriqué en France.

- *L'électrostimulation (ou électroéjaculation) par sonde intra-rectale SEAGER*

Elle remplace le stimed, utilisé auparavant.

L'électrostimulation endorectale est particulièrement **adaptée lors de lésions basses en dessous de L2**, ou lors de lésions partielles du centre dorso-lombaire D10L2 le laissant fonctionnel.

« Cette méthode ne s'utilise que chez les blessés médullaires sensitifs complets après échec des moyens précédents. L'électrostimulation n'est pas toujours bien tolérée et peut provoquer une hyperréflexie autonome, notamment chez les tétraplégiques. Cette technique est pratiquée en milieu médical en raison de la manipulation en zone insensible de la sonde intrarectale. » (N. François, 1996). L'éjaculation est produite par l'émission d'un courant de faible intensité délivré par une sonde-électrode placée dans la région sous-prostatique par voie rectale.

« Si l'éjaculation est rétrograde ou qu'il existe des douleurs lors de la stimulation, cette technique est proposée sous anesthésie générale » (G. Egon).

Cette méthode a été utilisée pour la première fois chez l'homme paraplégique par Horne, Paull et Monro en 1948. « Cette technique est surtout utilisée pour obtenir un éjaculat en vue d'insémination artificielle. Pour être efficace, les myélomères D10 L1 doivent être intacts. Il y a un risque important d'hyperréflexie autonome chez les patients de niveau dorsal haut ou chez les tétraplégiques, ainsi que de phénomènes douloureux chez des patients ayant des lésions basses ou des lésions incomplètes. » (O. Dizien, 1992.) Les patients ayant une lésion sévère ou complète du cône médullaire ou de la queue de cheval pourront recueillir habituellement du sperme par l'électrostimulation ; en revanche, l'utilisation du vibromasseur se révélera un échec.

L'électrode de stimulation est placée dans le rectum et délivre un courant électrique permettant d'obtenir un réflexe éjaculateur. « La stimulation touche directement les fibres nerveuses sacrées commandant la formation du sperme et de l'éjaculation. Le mode de stimulation de l'éjaculation peut aussi avoir une influence sur les caractéristiques du sperme. Quand le sperme est obtenu par électrostimulation endorectale, le volume est plus faible, reflétant un déficit de l'excrétion des vésicules séminales et de la prostate. Surtout, le pourcentage de spermatozoïdes mobiles est très petit. Ces différentes observations conduisent à formuler l'hypothèse que la stimulation électrique des voies nerveuses à travers la paroi rectale ne permet pas d'induire la formation normale du sperme dans l'urètre et que les spermatozoïdes recueillis par cette méthode sont surtout ceux stockés dans le déférent. » (Y. Englert *et al.*, 1989.)

Lors de la première séance, il est recommandé d'effectuer un spermogramme afin de connaître la qualité du sperme obtenu. On note que **la qualité du sperme peut être améliorée par la répétition des éjaculations**.

La stimulation ne provoque pas nécessairement d'érection de qualité. En revanche, l'éjaculation est obtenue en général en une à cinq minutes. Au-delà de cinq minutes de stimulation sans éjaculation pour une valeur de courant provoquant des contractures de bonnes qualité, il n'y a pas lieu de poursuivre. Une autre séance sera vraisemblablement nécessaire (par exemple à une semaine d'écart).

- *Prélèvement chirurgical des spermatozoïdes*

Ces méthodes chirurgicales donnent de bons résultats quand les métamères de l'éjaculation (D10L2) sont atteints et que les méthodes précédentes ont échoué, le sperme déférentiel obtenu aurait de meilleures qualités que le sperme éjaculé chez le paraplégique. « Le prélèvement déférentiel microchirurgical couplé aux techniques de procréation médicalement assisté (PMA) donne un espoir d'avoir un enfant, mais représente une prise en charge lourde. » (L. Wagner *et al.*, 1996).

La ponction-aspiration se fait sous anesthésie péridurale en hospitalisation de jour. « Quand on ouvre le déférent pour réaliser le prélèvement, on referme le plus soigneusement possible afin qu'il n'y ait pas d'obstruction sur le canal. Si une obstruction se formait à l'endroit de l'ouverture, il suffit d'ouvrir plus bas, plus près du testicule. On peut donc faire autant de ponctions du canal déférent dans le temps qu'il est nécessaire, hors complication » explique le Pr. P. Costa (2000). S'il n'y a pas de spermatozoïdes dans un déférent on peut ponctionner le déférent controlatéral.

Si de nombreux spermatozoïdes sont obtenus on peut les congeler en prévision d'autres tentatives de fécondations.

La ponction se fait en synergie avec la ponte ovulaire de la partenaire, ce qui permet **la fécondation des ovocytes directement dans le cytoplasme sous microscope**, c'est l'ICSI (Intra Cytolasmique Spermatozoïde Injection). Cette technique permet d'obtenir des embryons même s'il n'existe que quelques spermatozoïdes mobiles.

En cas d'échec de la ponction des déférents on peut réaliser une ponction de l'épididyme ou une biopsie testiculaire.

- *Le stimulateur implanté dans le plexus hypogastrique (méthode du Pr. Brindley)*

Une éjaculation peut être obtenue par électrostimulation des racines sacrées.

- *Stimulation directe des nerfs hypogastriques*

Lorsque les métamères D12-L1 sont respectés, lésion sus-lésionnelle (au dessus de la lésion) ou sous-lésionnelle (en dessous de la lésion), cette méthode permet d'obtenir une émission de sperme en quantité (G. Egon, 2001).

- *Que faire lors d'éjaculation rétrograde ?*

Après avoir alcalinisé et diminué l'osmolarité des urines du patient par un traitement médicamenteux la veille, on récupère les urines après l'éjaculation. Celles-ci sont filtrées et les spermatozoïdes peuvent être utilisées pour une insémination médicalement assistée.

On peut tenter de rétablir une éjaculation antégrade par traitement sympathicomimétique type Gutron* (P. Jouannet, 1989) ou par mise en place d'un cathéter avec ballonnet (T.C. Lim, 1994).

L'assistance médicale à la procréation (AMP)

Les différentes méthodes d'AMP sont développées dans « Un amour comme tant d'autres? Handicaps moteurs et sexualité » de Bernadette Soulier.

Les centres de conservation du sperme (CECOS) aident techniquement les couples à avoir un enfant. Une vingtaine sont répartis dans la France. Il existe un CECOS par grande ville. Sur le minitel (3611), on retrouve les coordonnées en tapant CECOS à la rubrique: nom

Une fois le sperme recueilli, soit il est utilisé immédiatement tandis que la partenaire en est au jour de l'ovulation, soit il est congelé pour une utilisation prochaine.

Si le sperme est de bonne qualité, il sera utilisé en totalité et déposé au fond du vagin par le partenaire, c'est l'**insémination intravaginale (IIV)**, le sperme peut être déposé au niveau du col de l'utérus, c'est l'**insémination intracervicale (IIC)**.

Le sperme peut être préparé pour d'autres techniques.

Le sperme préparé peut être injecté dans la cavité utérine le jour de l'ovulation c'est l'**insémination intra-utérine (IIU)**.

L'ovocyte peut être fécondé en éprouvette et après quelques divisions cet embryon peut être placé dans l'utérus, c'est **la fécondation in vitro (FIV)**.

L'insémination intra-cytosplasmique (ICSI = Intra Cyto-plasmique Spermatozoïde Injection) permet sous microscope de faire pénétrer artificiellement un spermatozoïde dans l'ovocyte, après quelques divisions, 2 ou 3 embryons au stade de 4 cellules seront placés dans la cavité utérine.

« Nos données démontrent **l'intérêt majeur de l'ICSI chez les patients atteints de lésion neurologique**, quel que soit le mode de recueil des spermatozoïdes. Bien que la ponction déférentielle ou la biopsie testiculaire soient actuellement l'approche la plus souvent rapportée pour permettre l'AMP (aide médicale à la procréation) par ICSI chez les paraplégiques, nos résultats indiquent que pour un nombre important d'entre eux, le recueil de spermatozoïdes est possible par des moyens simples mécaniques et non invasifs » (N. François et al., 2000). « L'ICSI est une technique d'application récente puisque les premières grossesses ont étés obtenues à Bruxelles en 1992. En France les premiers résultats datent de 1994 » (D. Le Lannou, 1996).

Avant de se lancer dans toutes ces investigations, « un bilan gynécologique visera à préciser la qualité de l'ovulation et l'intégrité anatomique des voies génitales de la compagne. Il doit être complété par une étude du mucus cervical en période ovulatoire afin d'éliminer une cause cervicale d'infertilité [...] Une évaluation correcte de la fertilité du couple permet de proposer d'emblée le mode de procréation le plus adapté » (M. Chalet, 1996).

« Grâce aux moyens actuels de la procréation médicalement assistée, une fois le sperme recueilli, le taux de grossesses qui aboutissent à une naissance est le même que pour les femmes valides, c'est à dire de 30 % » explique E. Paulin (2001). On conseille donc à tout couple motivé de se lancer dans ce parcours pourtant long, difficile, semé d'embûches et d'échecs mais où ils pourront peut-être concrétiser leur rêve. Mais le médecin n'oubliera pas d'informer sur les dons de sperme et sur l'adoption.

La grossesse

Témoignage: Un enfant, un tout petit bébé que l'on tient dans ses bras et qui représente tous nos rêves d'amour et de tendresse… Le texte qui suit est la transcription d'une consultation fictive, synthèse de plusieurs histoires bien réelles concernant une grossesse de lésion haute, supérieure à la 6e vertèbre dorsale…

Moi, je suis assise sur ce vilain fauteuil. Immobile à jamais depuis l'accident, la 4e vertèbre dorsale fracturée… J'aurais tant aimé serrer contre moi un bébé, mon bébé. Mais je croyais que c'était impossible. Paul, mon mari, me lançait parfois un mot, une phrase qui me culpabilisait. Il aurait tant voulu avoir un enfant lui aussi. Nous n'osions pas aborder ce sujet ensemble et même, je faisais tout pour éviter d'avoir une réelle discussion. Nous étions aussi paniqués l'un que l'autre à l'idée que je ne porterai jamais d'enfant. Un malaise abominable planait entre nous. Je ne sentais pas mon ventre, mon utérus. Je pensais qu'un enfant ne pourrait se développer dans ces tissus « morts ». De plus j'étais hantée par l'idée qu'un jour Paul me quitte pour une autre femme, qui elle saurait être mère et lui donner des enfants...

Un jour, une angine m'a serré la gorge. Je suis allée consulter mon médecin traitant. Après qu'il m'ait examinée, nous avons discuté. Il m'a fait sourire, puis rire aux éclats. Je me sentais bien, détendue. J'avais l'impression qu'il me comprenait, qu'il ne dramatisait pas la situation et surtout qu'il n'avait pas peur de mon handicap. C'est alors que je me suis entendue lui demander d'une voix craintive:

— « Docteur, je pourrais avoir un enfant, un jour? »

Il a basculé en arrière dans son fauteuil et un large sourire affectueux a pris naissance sur son visage.

— « Bien entendu, sans problème... »

Je me suis mise à sangloter de bonheur.

— « C'est vrai? Vous en êtes bien sûr? »

— « Oui, totalement, vous pouvez avoir un joli bébé, comme tout le monde. »

— « Et, il ne risque pas d'être anormal? »

— « Non, ne soyez pas inquiète. Vous avez le même risque qu'une femme valide, ce qui est tout de même infime. Seulement, quand vous serez enceinte il faudra faire un suivi plus fréquent, notamment en ce qui concerne la recherche d'infections urinaires. En fin de grossesse vous serez hospitalisée par sécurité et vous accoucherez par voie basse si le bébé se présente bien. Simple, non? »

En sortant de son cabinet médical, j'ai cru que ma vie recommençait. J'aurais sauté en l'air si j'avais pu. Paul n'en finissait pas de rentrer. Dès qu'il franchit le pas de la porte, je lui ai raconté l'entretien avec mon médecin. Il m'a serré dans ses bras et nous sommes sortis au restaurant comme de jeunes amoureux.

Peu de temps après, j'étais enceinte. Nous nagions dans le bonheur Paul et moi. On se demandait si ce serait une fille ou un garçon. Je voulais l'appeler Natacha mais Paul préférait Florence. On se serait presque disputé…

Vers le 4e mois, j'ai fait une infection urinaire. Le médecin m'avait prévenu que cela arrivait fréquemment après le 3° mois de grossesse et que le risque d'infection des reins était important. Aussi m'a-t-il tout de suite mise sous antiseptique sans conséquence pour la santé de mon enfant. Il contrôlait très souvent mes urines pour déceler rapidement une nouvelle infection.

À cette période, j'ai commencé à perdre mes urines en faisant des efforts, c'était insupportable. J'en aurais pleuré. Mais Paul ne se moquait pas, il me disait que ce n'était pas bien grave en comparaison de la joie que nous aurions quand l'enfant serait là. Mon médecin me rassurait en m'expliquant que cela ne durerait que le temps de la grossesse et qu'après tout rentrerait dans l'ordre. En attendant, il m'a conseillé de vider au maximum ma vessie par percussion beaucoup plus souvent, environ toutes les deux heures. Il aurait préféré un autosondage propre intermittent, mais je n'aime pas trop cette façon de faire, aussi nous avons convenu que nous ne le ferions que dans un deuxième temps en cas d'échec de la première méthode. Je me suis percuté le bas ventre toutes les deux heures, c'était un peu rapproché mais grâce à cette méthode, je n'ai plus eu de fuites.

Normalement, je ne sens pas mon bas ventre. Je ne sentais pas bouger mon enfant, je ne le sentais pas grandir. Mais avec

Paul on parlait tellement de lui, il caressait mon ventre, il posait sa tête contre ma peau. Moi, je voyais mon ventre s'arrondir, je le touchais aussi et je parlais au bébé comme s'il m'entendait. Puis, quand il a commencé à bouger je voyais mon abdomen s'animer sous ses coups de pied ou peut-être de tête et je le sentais vivre sous mes doigts C'est comme si je sentais tout. Je suis sûre d'être comme toute mère qui attend un enfant. Je lui avait tricoté des layettes, des chaussons, j'avais cousu une barboteuse, une gigotière bien matelassée, un petit peignoir à capuche, tout était prêt pour son arrivée.

Lors des échographies de contrôle nous avons refusé de savoir si c'était un garçon ou une fille afin de pouvoir rêver durant toute la grossesse.

Le Docteur m'a fait hospitaliser à la 34° semaine pour être mieux surveillée. Il m'a expliqué que c'était toujours ainsi. Comme je ne sentais pas le bébé, ce galopin pourrait venir à l'improviste sans que je ne m'en aperçoive suffisamment tôt.

Tout s'est bien passé. J'ai accouché sous péridurale thérapeutique. Le médecin m'a expliqué que dans mon cas, et pour toute paraplégie de lésion supérieure à D6, cela permettait de contrer les effets secondaires provoqués par l'accouchement qui auraient pu nuire à ma santé et à celle de l'enfant.

Paul me tenait la main. C'était un moment très fort entre nous deux.

J'ai entendu les cris du bébé. Je voulais le voir vite, vite. Le médecin me l'a posé sur le ventre et j'ai enfin pu le serrer contre moi.

C'était vraiment le nôtre. Notre bébé. Notre garçon. Notre petit Jérôme, de 3 kilos 400 qui piaillait pour dire bonjour à la vie et que j'allais allaiter.

Aspects médicaux de la grossesse

En général toute femme blessée médullaire peut avoir un enfant qui devrait être en tout aussi bonne santé que n'importe quel enfant. « La fertilité n'est pas affectée et la grossesse est possible chez les femmes paraplégiques ou tétraplégiques » explique le Dr A. Berrebi, obstétricien à Toulouse (2000). Parfois, il peut exister des plaies au niveau des trompes, de l'utérus, ou du vagin qui peuvent gêner la fécondation. La paraplégie n'influe pas, en général, sur la capacité d'ovulation puisque celle-ci est sous le contrôle d'hormones qui circulent dans le sang, sauf lorsque la paraplégie est associée à un traumatisme crânien qui retentirait sur l'axe hypothalamo-hypophysaire.

Actuellement le risque principal, qui peut mettre la femme en danger, est celui de l'apparition d'une hyper réflexie autonome (dont nous parlerons plus loin), un peu avant et pendant l'accouchement. Cela concerne les femmes dont le niveau médullaire se situe au dessus de D6. Elles seront particulièrement suivies sur le plan médical par une équipe pluridisciplinaire.

Surveillance de la grossesse

La grossesse chez une femme paraplégique dépasse rarement 40 semaines d'aménorrhée (normalement, est considérée comme grossesse post terme, c'est-à-dire après le terme, une grossesse qui se prolonge après 42 semaines d'aménorrhée).

Pour les femmes blessées médullaires de niveau supérieur à D10, la surveillance sera amplifiée dès la 28° semaine d'aménorrhée. On réalisera un examen du col de l'utérus une fois par semaine et un enregistrement des contractions utérines

3 fois/semaine à domicile. L'hospitalisation aura lieu, de préférence, dès la 36e semaine d'aménorrhée.

En revanche, chez les femmes blessées médullaires de niveau inférieur à D10, la perception des contractions utérines et l'examen hebdomadaire du col vont permettre une hospitalisation plus tardive.

La complication la plus fréquente de la grossesse est l'**infection urinaire** qui a plus de risque de survenir que chez une femme valide. « Il est donc important de vidanger sa vessie selon les méthodes habituelles, percussion et poussée, quitte à rapprocher les horaires des mictions » (M.-J. Rouffet-Tissot, 1981). « Une femme enceinte devra vider parfaitement sa vessie pour n'avoir pas de résidu post mictionnel. La technique que je préconise le plus souvent est l'autosondage propre intermittent » (P.-A. Chapelle, 1989). La sonde à demeure induit inévitablement des infections urinaires.

Des urocultures seront réalisées régulièrement tout au long de la grossesse, afin de dépister à temps toute infection urinaire et d'éviter une complication en pyélonéphrite qui peut détruire le rein et provoquer un accouchement prématuré.

Quand une infection urinaire même asymptomatique est retrouvée on doit donner systématiquement des antiseptiques non tératogènes (c'est-à-dire sans risque pour l'enfant). On préconise aussi de boire abondamment, 2 litres par 24 heures ce qui diminue le risque d'infection urinaire. « C'est l'augmentation de la fréquence des mictions et un maintien d'une bonne diurèse qui constituent la réponse adaptée à cette situation » (J.- L. Turlan *et al.*, 1996).

Une autre complication très fréquente au cours de la grossesse sont **les escarres**. « Chez les femmes paraplégiques enceintes, la perte de mobilité liée à la prise de poids, la difficulté à la réalisation des transferts majorent ce risque. Le changement de fauteuil pour un fauteuil plus large est parfois nécessaire. Ce risque impose au fil des mois des temps de repos de plus en plus importants dans la journée afin de décharger les zones d'appuis [...] Lors du suivi de la grossesse, les patientes doivent être systématiquement examinées d'un point de vue cutané, l'escarre exposant aux complications infectieuses générales et aux pertes protidiques » (B. Perrouin-Verbe *et al.*, 1998).

D'autres complications, qui se corrigent facilement, peuvent survenir :

– c'est l'**anémie**, comme pour toute femme enceinte. On donnera systématiquement une supplémentation en fer ;
– la **carence en acide folique** due aux thérapeutiques neurotropiques. On donnera une supplémentation en acide folique ;
– le risque de **phlébite et d'embolie pulmonaire** est majoré (on préconise le port de collant à varices, le fait d'allonger les jambes la journée et même de les surélever la nuit) ;
– la **constipation chronique** est à prévenir surtout pour les niveau médullaires supérieurs à D6 car « pendant le travail, la distension recto-sigmoïdienne est un facteur déclenchant du syndrome d'hyperréflexie autonome » (J.-M. Faure *et al.*, 1996). On conseille une alimentation riche en fibres, boire au moins 2 litres d'eau par jour et un déclenchement manuel du réflexe de défécation ;
– les **complications pulmonaires** sont possibles en fin de grossesse lors d'atteintes cervicales.

Les sensations de la grossesse et de l'accouchement

J.-M. Faure et al. (1996) expliquent que :

- les douleurs de la première partie du travail pour un accouchement sont dues aux contractions utérines et à la dilatation du col de l'utérus, ce qui correspond au niveau de la moelle épinière aux métamères D10, D11, D12 et L1.
- les douleurs de la phase d'expulsion sont liées à la distension de la filière pelvi-génitale (vagin et périné) dont les centres médullaires se situent en S2, S3, S4 et accessoirement en L1, L2 et S1

Selon l'emplacement de la lésion sur la moelle épinière, et son caractère complet ou incomplet, on distingue plusieurs cas de figure qui vont induire une prise en charge différente de la part du praticien.

- **Lésion complète au dessus de D10** : « Il y a absence totale de sensations d'origine utérine et des mouvements de l'enfant » (J. P. Willot *et al.*, 1988). Comme il y a une absence de sensibilité des organes génitaux internes dont l'utérus, les contractions responsables du travail de l'accouchement ne sont pas perçues, l'accouchement peut avoir lieu par « surprise » , c'est pourquoi « dès la 35e semaine de gestation, il est conseillé d'hospitaliser ces patientes en milieu gynéco-obstétrical » (O. Dizien, 1992).
- **Lésions entre D10 et D12** : Les sensations sont inconstantes.
- **Sous le niveau lésionnel D12** : Les sensations de la grossesse sont ressenties. « Les femmes auront la perception des contractions utérines, de l'effacement du col et de sa dilatation » (B. Perrouin-Verbe *et al.*, 1998).

– **Lors de lésions complètes en dessous de S2** (cônes terminaux ou syndrome de la queue de cheval) : Il existe une sensibilité des organes génitaux internes, ainsi les mouvements du fœtus durant la grossesse et le début du travail sont perçus « mais l'anesthésie des organes génitaux externes et du périnée ne permet pas de sentir le passage de la filière vagino-périnéale. Il n'y a pas lieu dans les niveaux bas de proposer une hospitalisation systématique à la 34ᵉ semaine comme cela est classique chez la femme paraplégique » (B. Perrouin-Verbe *et al.*, 1998).

L'accouchement

L'accouchement se fera « par les voies naturelles, la césarienne étant très rarement indiquée » (N. François, 1982). Il n'existe pas d'augmentation du risque de fausse couche spontanée.

– Si le niveau lésionnel est **au-dessus de D6** : le risque d'apparition du syndrome d'hyper réflexie autonome (HRA) est important (85 % des cas) dangereux pour la mère comme pour l'enfant. Il se manifeste par une hypertension paroxystique pouvant être gravissime associée à une bradychardie sinusale (ralentissement du cœur), des contractures, des frissons, un flush (rougeur) de la face, une hypersudation sus-lésionnelle, des tremblements, une sensation de nausée et de malaise général plus ou moins accompagné de céphalées pouvant être violentes. C'est provoqué par les contractions utérines mais cela peut provenir de tout autre stimulus sous-lésionnel tel qu'une distension vésicale ou une érection, éjaculation chez l'homme par exemple... La prévention de ces manifestations consiste à la mise en place d'une anesthésie péridurale, que l'on nomme péridurale thérapeutique, puisque sont but n'est pas l'anesthésie étant donné que la femme ne sent pas la douleur, mais d'éviter les manifestations de l'hyper réflexie autonome (HRA).

« Le possible déclenchement de ce syndrome d'HRA dans les lésions hautes notamment lors du début du travail et de l'accouchement impose la prise en charge de ces femmes par **des équipes obstétricales rodées conjointement à des médecins paraplégiques**. La prévention de ce syndrome passe par la mise en place d'une **anesthésie péridurale continue dès le début du travail**, mais aussi l'utilisation de **gels anesthésiques** lors de réalisation d'examens gynécologiques tout au long du suivi, lors de changement de cathéter urinaire, et par la vérification de la qualité de la vidange vésicale tout au long de la grossesse » (B. Perrouin-Verbe *et al.*, 1998).

L'accouchement a lieu par les voies naturelles, sauf si le syndrome d'hyperéfléxie autonome (SRA) persiste malgré l'analgésie péridurale auquel cas on pourra réaliser une césarienne, mais celle-ci n'a pas d'indication d'emblée (sauf si cavité de syringomyélie post-traumatique).

On apprend à la femme, en appliquant ses mains sur son ventre, à percevoir les contractions utérines qui annoncent la venue de l'accouchement. Surtout, étant donné les risques graves de l'HRA, on expliquera les différents signes sous lesquels le syndrome peut se manifester pour que la femme bien avertie sache qu'il lui faut prévenir immédiatement l'équipe soignante au moindre doute.

- Lors de **destruction des centres D10D11D12** : la césarienne s'impose.
- Dans les **niveaux lésionnels en dessous de D12** : l'accouchement a lieu par les voies naturelles et l'accouchement sera ressenti.

La naissance

« Le risque de malformations fœtales, de morts in utero et d'hypotrophie fœtale ne semble pas plus important que dans la population générale » (B. Perrouin-Verbe *et al.*, 1998).

Dans les cas de fracture du bassin ou de paraplégie congénitale ou de l'enfance, on réalisera une radiopelvimétrie avant la mise en route de la grossesse, pour évaluer les possibilités d'accouchement. Mais en général, si le fœtus se présente normalement, la tête en premier, l'accouchement aura lieu par les voies naturelles.

Quand les abdominaux sont absents, il existe effectivement des difficultés d'expulsion et l'extraction instrumentale par ventouse ou forceps pourra être nécessaire. « Lorsque le niveau lésionnel le permet, les efforts de poussée diaphragmatique doivent être éduqués par une kinésithérapie appropriée au cours de la grossesse afin de faciliter l'expulsion » (J.-M. Faure, 1996).

Après l'accouchement le risque de phlébite est augmenté. Ce risque est majoré si une césarienne a été réalisée. On instaurera un traitement anticoagulant pour quelques jours. Le risque d'infection urinaire et de rétention urinaire sont aussi majorés. Une revue de la littérature note fréquemment une difficulté de cicatrisation si une épisiotomie a été réalisée et temporairement la sonde à demeure sera nécessaire.

Allaitement

Habituellement, la femme pourra nourrir l'enfant au sein si elle le désire et si elle ne prend pas de médicaments s'y opposant.

Une femme paraplégique qui parle de la façon dont elle a vécu sa grossesse, souvent provoque un sentiment d'envie des femmes valides. Le manque ou la diminution des sensations provoque une compensation très chargée émotionnellement. Être à l'écoute de leur corps dans les moindres perceptions, pratiquer des techniques de palpation du ventre pour sentir l'enfant telles que l'haptonomie, parler à son petitou, lui faire écouter de la musique, faire participer le conjoint à la découverte de l'enfant, tout ces mots qu'elles expriment et vivent intensément sont le témoignage d'une aventure émouvante et pleinement vécue par ces femmes.

Tous les parents en fauteuil ou avec d'autres handicaps lourds observent que les enfants s'adaptent au handicap de leurs parents et savent naturellement respecter leurs limites physiques.

Pour tout ce qui concerne la relation entre parent et enfants, voir « Un amour comme tant d'autres ? » de Bernadette Soulier.

10

Intérêt d'un soutien thérapeutique, communication et affirmation de soi

Principe de la thérapie

> « Chaque fois qu'un individu se met à jauger sa performance ou celle de son partenaire, il détruit les conditions naturelles de l'acte sexuel. »
> (W. H. Masters et V. E. Johnson, 1971.)

La lésion médullaire provoque l'obligation de rééduquer plusieurs fonctions : motrice, viscérale, sexuelle, psychologique. L'impact psychologique est très variable selon l'âge, le sexe, l'éducation, le type de travail (actif ou sédentaire) et l'équilibre affectif et sexuel qu'avait la personne *avant* le traumatisme.

G. E. Higgins (1978) écrit que les études réalisées partent de l'hypothèse que l'homme blessé médullaire a un défaut d'érection et une incompétence au niveau de l'éjaculation qui sont la conséquence directe de la lésion médullaire. Cette façon de voir, ajoute-t-il, ne considère que le point de vue organique. Elle néglige donc toutes les variables psychologiques et sociologiques qui peuvent provoquer des effets de « panne » et qui peuvent compter pour un certain pourcentage dans les activités sexuelles. Il pense donc qu'en aucun cas les données organiques et physiologiques ne sont suffisamment claires. Elles ne nous permettent pas de comprendre tout l'aspect physique du comportement sexuel.

Les comportements sexuels et la sexualité sont influencés, probablement davantage que toutes les autres sphères du comportement humain, par les croyances, les stéréotypes, les idées fausses.

G. E. Higgins (1978) pense que, si des études avaient été menées auprès de blessés médullaires bien informés, elles auraient révélé sans aucun doute des modèles de comportement sexuel bien différents de ceux qui sont actuellement observés chez ces personnes mal informées.

W. H. Masters et V. E. Johnson (1971) sont convaincus que les difficultés d'érection occasionnelles dues à des causes variées, physiques et psychologiques, peuvent entraîner avec le temps une impossibilité totale d'érection, et donc l'évitement de tout contact sexuel. Il est donc important de considérer l'individu dans sa globalité en considérant l'organique et le psychologique. Ce dernier versant est responsable des dysfonctions sexuelles, mais c'est aussi par son intermédiaire qu'il est possible d'améliorer la fonction sexuelle. Ces auteurs ont mis au point des programmes qui représentent la base du traitement comportemental.

Cependant, il n'existe pas encore de programme de thérapie comportementale spécifique pour les personnes blessées médullaires, par manque de données suffisantes. Il n'en reste pas moins que la psychologie de l'homme et de la femme en tant que tels est à prendre davantage en compte : la personne blessée médullaire est avant tout un être humain. Elle a grandi, vécu. Elle possède son histoire sexuelle avec des périodes meilleures que d'autres, avec des moments de découverte de l'autre, du plaisir, avec l'atteinte ou non de l'orgasme, ceci antérieurement à la lésion. Il faut considérer cette personne en fonction de ses croyances, de sa liberté sexuelle, de l'intérêt qu'elle porte, mais aussi qu'elle portait, à sa sexualité.

Une étude réalisée au Québec par E. Stip *et al.* (1991) démontre l'effet placebo chez une population de sujets souffrant d'impuissance psychogène. L'administration de deux comprimés d'un placebo matin et soir entraîne une augmentation du nombre de rapports avec pénétration. « 33,3 % des hommes se voient améliorés » ; la partenaire, à seulement 16,7 %, constate une amélioration. Le placebo a donc une action favorable. « La constatation de l'effet placebo dans la dysfonction érectile apporte des arguments supplémentaires pour proposer la psychothérapie et la psychopharmacothérapie si l'on s'accorde à penser que les théories pour expliquer l'effet placebo sont la suggestion, le transfert et le conditionnement. [...] Toute étude de psychopharmacothérapie de dysfonction érectile psychogène doit [cependant] tenir compte du jugement de la partenaire. » (E. Stip *et al.*, 1991.)

Cette étude, pour revenir à la paraplégie, confirme certaines de mes convictions concernant plusieurs domaines :

– l'érection. La *quantification* d'un rapport sexuel n'est pas si fiable qu'il y paraît ; dans le couple, l'amélioration de la fonction érectile et de la pénétration n'est pas notée de la même façon par l'homme et par la femme. L'homme surestime ses capacités érectiles (33,3 % d'amélioration contre 16,7 %), ou la femme les sous-estime. La différence de vécu pour la perception d'un même phénomène théoriquement quantifiable démontre l'erreur qu'on commet en s'obnubilant sur le rapport sexuel au sens strict, étant donnée la difficulté de le quantifier à l'intérieur même du couple ;

– demander l'*avis du partenair*e est intéressant car la perception de la vie sexuelle n'est pas souvent la même pour les deux ;

– l'abord *psychologique* du blessé médullaire ne peut qu'augmenter ses possibilités d'utiliser pleinement ses capacités sexuelles. Si la nécessité s'en fait sentir, une réelle psychothérapie évitera qu'il ne se cloître dans une impuissance psychogène. Développer la sensualité de l'homme et de la femme, leur parler du para-orgasme est important.

La *base organique* est, bien évidemment, à étudier : elle est très importante pour avoir les données du problème, le niveau des lésions. Elle permet un diagnostic clinique.

De même les *moyens physiques* sont à connaître : positions, vidange de la vessie, gels lubrifiants, aides pratiques, et éventuellement, si rien ne satisfait, les prothèses péniennes si l'érection n'est pas réapparue après cinq ans au moins.

Cependant, la thérapie doit avoir un abord psychologique. Elle utilise :

– des techniques d'affirmation de soi,

– des techniques de communication dans le couple,

– un travail sur l'affectivité,

– des informations sur l'anatomie, sur les possibilités sexuelles, celles-ci étant données aux deux membres du couple,
– la relaxation, la sophrologie, l'hypnose,
– le fait d'insister sur l'importance de la vision globale de la sexualité, sur l'existence du para-orgasme, sur la redécouverte du corps de l'autre par les massages, les jeux sexuels,
– le fait de prendre en considération le partenaire dans sa souffrance, et de l'englober dans cette thérapie de couple.

Les *objectifs* sont de permettre à la personne paraplégique de dépasser les problèmes suivants :

– la modification de l'image corporelle avec les conséquences que cela implique dans la vie affective ou relationnelle et dans l'inadéquation avec l'archétype de la beauté idéale,
– l'humiliation, la dépendance et la perte de l'estime de soi,
– les idées fausses véhiculées au sujet de la sexualité des personnes blessées médullaires, et le manque d'information responsable de l'isolement, du repli et de l'autopersuasion d'une impossibilité de vie sexuelle,
– la nouvelle identité sexuelle avec la découverte d'un corps aux réponses inhabituelles, et donc la peur de l'échec,
– la peur de l'autre, partenaire ou futur partenaire, dans le regard qu'il pourrait avoir sur son corps, sur ses possibilités sexuelles.

La thérapie utilisée pour le blessé médullaire reprend dans ses grandes lignes la façon de traiter :

– un homme atteint d'impuissance,

– une femme atteinte d'anorgasmie secondaire.

La thérapie sexuelle devra être essentiellement axée sur l'information, l'affirmation de soi, l'exploration de son corps et du corps du partenaire et la communication. Les objectifs principaux étant de surmonter la peur de l'échec et les craintes réelles ou celles supposées du partenaire.

F.-X. Poudat, interrogé par C. Abusubul (1991) lors du XXe Congrès de thérapies comportementales, résume l'esprit dans lequel se fait l'approche du patient au cours des thérapies sexuelles. Son propos peut très bien s'appliquer aux blessés médullaires: « Le but des traitements cognitifs basés sur l'information, sur le conseil, sur des rappels physiologiques et anatomiques, est d'abraser le discours négatif qui accentue l'échec pour transformer celui-ci en quelque chose de positif, et de voir le rapport sexuel non plus comme un « examen de passage » avec obligation de résultats, mais au contraire comme un rapport amoureux où le résultat est moins important que la complicité, la tendresse, les caresses et une communication libérée de tabous et de préjugés. »

Il peut être intéressant en thérapie comportementale de tenter d'évaluer:

– la difficulté sexuelle,
– la difficulté relationnelle,
– le désir,
– l'angoisse de performance,
– la satisfaction personnelle,
– la satisfaction du conjoint,
– les zones de sensibilité corporelle,

– les moyens d'excitation.

Cette trame permet ensuite d'orienter la thérapie et de mesurer ensuite les progrès accomplis au cours du temps.

« Avec ce travail personnel et le constat que la souffrance psychique est une des cruelles réalités de la paraplégie, nous tenons à insister sur le fait qu'une paraplégie est, en plus d'un bouleversement corporel, une remise en question de la psychologie propre au sujet. » (J.-L. Simon, 1989.)

Le thérapeute

Pour une thérapie sexuelle de couple, W.H. Masters et V.E. Johnson (1971) préconisent une équipe mixte, et non un seul praticien homme ou femme: « Les études de physiologie sexuelle avaient, en effet, prouvé sans doute possible qu'aucun homme ne pouvait comprendre pleinement ni le cours normal ni les aberrations de la sexualité féminine. Un homme peut tout au plus se livrer à des observations, utiliser ses expériences, écouter ce qu'on lui dit ou lire des rapports. Mais il ne pourra jamais rien affirmer en toute rigueur, car il n'a jamais vécu l'orgasme en tant que femme. « La réciproque est tout aussi vraie. Une femme peut, de la même façon, grâce à son expérience personnelle et aux informations qu'elle recueille, se faire une idée du cours normal et des aberrations de la sexualité masculine. Elle ignorera toujours ce qu'est le besoin d'éjaculer et la sensation produite par la libération du liquide séminal. »

D'après eux, l'homme thérapeute sera plus à même de comprendre et de permettre à un homme de s'exprimer, et parallèlement pour la femme thérapeute.

La mise en place d'une équipe mixte dans un centre de rééducation pourrait diminuer, lors de l'interrogatoire, la difficulté d'approche due à la gêne, à la timidité, à la difficulté de communication avec une personne de sexe opposé, mais ce n'est pas une certitude. « La prise en charge d'un couple gagne à être faite par un « couple » de thérapeutes. En effet les regards masculins et féminins peuvent être complémentaires et vécus comme plus équilibrants par les patients. » (Abusubul, 1991.)

Même si ces avis me semblent tout à fait judicieux, c'est *assez souvent l'inverse* qui est observé… En effet, le thérapeute du sexe opposé représente également le partenaire sexuel. Un homme, en général, va faire l'amour avec une femme. S'il s'adresse à un thérapeute femme, il peut alors être en confiance parce qu'il a toujours eu l'habitude de parler à une femme en ce qui concerne le domaine affectif. Il n'y a *pas dans cette relation de rapport de force, de comparaison des possibilités sexuelles.* La thérapeute femme peut mieux comprendre les demandes de la partenaire et donc être plus à même de conseiller l'homme pour qu'il s'entende avec sa femme.

Enfin, il me semble que la personnalité du thérapeute, la demande et l'imaginaire du patient entrent davantage en jeu, lors des discussions, que l'appartenance sexuelle. Bien que généralement l'ensemble des patients semblent préférer s'adresser à une femme pour ce qui est parler de leur sexualité.

Le thérapeute unique semble ne pas être suffisant dans tous les cas. Deux points me paraissent intéressants à exploiter :

– *associer une personne blessée médullaire* ayant dépassé ses problèmes avec un thérapeute pour s'adresser au paraplégique ;

– faire partager l'expérience individuelle de chacun au sein d'un *petit groupe* et faire intervenir le conjoint dans ces réunions.

Il est évident que les thérapeutes doivent être clairs avec eux-mêmes et leur propre sexualité. Tout préjugé stéréotypé, toute gêne, immaturité ou partialité dans l'approche de la sexualité serait une entrave.

La mise en place de thérapeute dans *un centre* de rééducation paraît absolument nécessaire. Mais la formation de *sexologues installés en ville*, en relation avec le centre de rééducation, me semble tout aussi indispensable.

J. P. Held *et al.* (1975) ont organisé avec l'université du Minnesota, de décembre 1971 à octobre 1972, des séminaires d'information et de formation des professionnels de la santé travaillant avec les personnes paraplégiques. Les objectifs étaient de démystifier le comportement sexuel, de permettre au personnel médical d'accepter sa propre sexualité aussi bien que celle des autres. Ces séminaires étaient construits à partir de projections de films sur les différents types de sexualité, et à partir de discussions en groupe. Ensuite, des questionnaires ont été remis, dont 70,8 % ont été retournés. 99 % des réponses montrent que ces professionnels sont impliqués dans le conseil au niveau de la sexualité des personnes invalides. Après le séminaire, ils ont davantage d'idées et se sentent plus à l'aise pour parler dans ce domaine.

Jeux corporels, adaptation, compensation

Travail global de réintégration du corps et de son image

La personne paraplégique doit apprendre à se réapproprier son corps, à savoir le regarder paisiblement afin de permettre également à l'autre de pouvoir le voir d'un regard tendre, c'est-à-dire à le réinvestir dans une image positive.

Les professionnels ont un rôle très important d'éducation pour apprendre le contrôle des urines et des selles. Retrouver un corps qui ne se souille plus est primordial. Donc tout blessé médullaire doit savoir utiliser les autosondages, ou savoir « se percuter » pour vider sa vessie régulièrement pour être continent et le faire impérativement avant un rapport sexuel. Ceci correspond au cas le plus classique. Mais dans les autres cas le sexologue va informer sur toutes les astuces possibles pour gérer la vessie et le rapport sexuel (sonde urinaire, poche de stomie urinaire ou fécale, peur réelle ou supposée de la fuite… se reporter à « Un amour comme tant d'autres ? » de Bernadette Soulier).

Les actes médicaux sont souvent vécus comme des agressions (sondages, évacuation manuelle des selles, cystoscopie, lavage colique, toilette intime, soins d'escarres localisées le plus souvent sur les fesses…). Le thérapeute fera verbaliser, si le patient le souhaite, autour de ces actes intrusifs pour les décoder et apprendre à les dépasser. P. Lerebourg (1999) explique que certaines images lui sont souvent rapportées en consultation. Les hommes associent facilement urine et sperme en disant que se masturber revient à uriner, les femmes souffrent des odeurs intimes lors de vidanges vésicales. Il dit encore que l'acte de sondage et le doigtier évacuateur effectués par une tierce personne posent le rapport entre le fait de pénétrer et d'être pénétré entre l'agressivité/la soumission et l'intime.

Souvent il est difficile de parler de soins en terme de souffrance pouvant aller jusqu'à un vécu de viol parce que justement tous ces actes ont lieux pour le bien de la personne. C'est pourquoi l'écoute doit être attentive et compatissante. Il importe de pouvoir expliquer qu'un jour il y aura une fin à toutes ces intrusions, qu'ils pourront apprendre à redécouvrir leur corps, à se l'approprier à nouveau et que au sein d'une relation à deux ils pourront vivre des relations affectives de tendresse et de sexualité. C'est très important de croire en eux pour qu'ils puissent prendre confiance en ce nouveau corps aux réactions pour le moins surprenantes et différentes d'avant le traumatisme.

Le sexothérapeute doit être vigilant à cette phase initiale en centre de rééducation parce que le sexe change de symbolique après cette somme d'intrusions médicalisées. Il perd son charme et ses secrets sont mis à la vue de tout le monde. P. Lerebours (1999) note des changements significatifs dans le vocabulaire des blessés médullaires à cette période. Pour dire je vais uriner, c'est je vais « me sonder ». Au lieu de dire quand je me caresse ou quand je me masturbe, c'est quand je « me stimule ». Au lieu de dire je bande, c'est « j'ai une érection réflexe ». Au langage familier, intime, se substitut un langage uro-génito-sexuel, à partir d'une nouvelle perception corporelle centrée principalement sur certaines fonctions et leurs dérèglements.

La médicalisation fait place à la spontanéité. Ces changements doivent interpeller tout thérapeute pour éviter que s'enkystent des troubles de la représentation de la sexualité dans le futur. C'est à ce moment aussi que commencent à apparaître des troubles de l'identité sexuée: suis-je encore un homme, une femme ? Pourrai-je avoir une érection ? Est-ce que je vais sentir quelque chose en faisant l'amour ? Quel partenaire voudra de moi ainsi ? Pourrai-je avoir un enfant ?

Michel Lecocq, sexothérapeute, explique : « Il faut découvrir les possibilités restantes du corps. Cette découverte passe par des discussions entre le sexologue et l'intéressé mais aussi par un travail personnel de ce dernier qui doit étudier son corps, le reconsidérer, se le réapproprier par la vue et le toucher. Il s'agit donc de palper ce corps pour découvrir les zones de réaction, de plaisir, de réflexes. Regard et toucher étant indispensables à la redécouverte d'un corps blessé par le handicap. »

Avant de retrouver son partenaire ou d'en chercher un, apprivoiser son propre corps, partir à sa découverte en solitaire est conseillé. Se masturber pour observer comment réagit son sexe féminin ou masculin, pour observer quelles sont les sensations physiques ressenties, explorer tout son corps avec amour par des caresses permet de se réconcilier avec lui, donc avec soi-même. La vue complète le toucher et c'est efficace d'apprendre petit à petit à se regarder, a s'apprivoiser par le regard. Vibromasseur pour homme et pour femme, Viagra, injection intracaverneuse seront très simplement proposés, juste « pour voir », pour observer que l'érection peut être restituée, pour repérer les sensations perçues, pour redonner confiance. En entretien avec le sexologue, l'émotion positive ou négative est alors discutée. Comment faire mieux ? On expliquera que dans la relation à deux, quand on se connaît bien et qu'on cherche ensemble, beaucoup d'autres facteurs interviennent qui amplifient les sensations. Avoir appris à se connaître, à se reconnaître permettra d'être plus à l'aise dans les relations futures.

Souvent, la personne blessée médullaire a honte de montrer son corps à son partenaire, peur qu'il ne regarde ses jambes maigres. Si les relations sont bonnes dans le couple, il faut lui rappeler que son partenaire ne l'a pas choisie uniquement pour son corps. De plus, si elle s'accepte elle-même, son conjoint l'acceptera également. « La tendresse, c'est l'écoute de la différence. » (J. Salomé, 1988.) Il est intéressant de bien expliquer au partenaire les modifications corporelles dues au traumatisme avant de les lui montrer. Avant de se dévêtir, des caresses réciproques du corps de l'autre en étant habillé permettent également de lui éviter une surprise trop importante.

Il importe le plus souvent de trouver ou de retrouver une sécurité affective avec l'autre avant de penser à l'aspect sexuel.

Le para-orgasme et l'orgasme

Il est fondamental d'expliquer très tôt à la personne blessée médullaire que le paraorgasme existe et donc qu'elle pourra retrouver des émotions érotiques même si elle ne ressent pas bien son sexe. Quand une partie du corps est paralysée, l'autre peut prendre le relais, devenir davantage sensible et la stimulation de ces zones du haut du corps (seins, oreilles, cou, dos, palais, mains...) peut procurer un plaisir tel que cela peut donner des sensations diffuses dans l'ensemble du corps et aller jusqu'à l'orgasme, appelé alors paraorgasme. Il procure détente et bonheur un peu comme l'orgasme traditionnel.

On dira aussi à cette personne que malgré le déficit de sensation de son sexe, lors de sensation de désir ou lors de relation sexuelle, elle ressentira des sensations physiques dans son corps. Elle ne doit pas se baser sur les troubles de la sensibilité de son sexe (pénis, testicule, vagin, vulve et clitoris) ainsi qu'elle a pu le constater seule dans son lit, ou lors d'une analyse neurologique scientifique des zones sensibles parce que dans sa vie sexuelle et affective elle pourra ressentir des sensations physiques et des bouffées de sensations délicieuses différentes de celles vécues avant l'accident.

Paraorgasme et orgasme ne doivent pas être clivés. On explique la différence de l'un et de l'autre pour permettre ensuite dans la thérapie de les chercher pour les découvrir. Le but c'est d'obtenir un plaisir satisfaisant, de trouver ou retrouver des émotions par la découverte du corps dans son entier, une confiance en soi et en l'autre, d'essayer des façons nouvelles de faire l'amour, par le toucher et la communication et aidé des techniques médicales. La thérapie sexuelle considère bien sûr les données physiologiques mais va aussi passer outre la vérité accablante pour aider la personne ou le couple à « faire l'état des lieux » et ensuite à développer au maximum ce qui reste. **On sait maintenant que si un sens est déficient, les autres se développent pour prendre le relais**. Tout le monde sait qu'une personne aveugle obtient une hypersensibilité de la pulpe de ses doigts à s'être éduquée à lire le braille. Même dans son cerveau, les images retrouvent que la zone de son sens tactile s'est hypertrophiée.

Une femme nous dit: « Je ne fais pas le deuil des plaisirs d'autrefois [avant l'accident]. Pourtant, je me suis reconstruite dans l'histoire de moi-même et dans mon plaisir. J'ai opéré des déplacements dans ma tête et dans mon corps. J'ai redécouvert des endroits de jouissance dans mon corps, les seins en particulier. Je peux vivre une sexualité satisfaisante. » *(Le point carré*, 1990.)

Le para-orgasme est le même chez l'homme que chez la femme. Or les études notent fréquemment qu'il est le privilège de la femme. Je n'en suis absolument pas convaincue. Cette appréciation est fondée sur des pensées dysfonctionnelles de l'homme-sexe par rapport à la femme sensuelle. C'est un état d'esprit qu'il s'agit de changer. Une information vraie sur ce point doit être développée. L'homme et la femme ont de la même façon un cou, des oreilles, un bas de dos, des mamelons, etc. En stimulant ces zones, en se mettant dans une relation d'amour, les deux peuvent parvenir au para-orgasme. Si un sens est déficient, nous savons bien que les autres se développent pour prendre le relais.

Le vécu fantasmatique sensuel et sexuel s'entremêlent et s'interpellent l'un l'autre. Développer la sensualité de l'homme, d'un point de vue physique mais également dans sa mentalité, ne peut que l'aider à vivre pleinement sa vie affective. Il peut découvrir des possibilités nouvelles auxquelles il n'avait pas recours antérieurement à la lésion. Découvrir de nouvelles voies de plaisir ne peut que l'enrichir. S'il améliore sa relation avec sa partenaire, découvre le para-orgasme, vit une vie de couple de plus en plus harmonieuse, il peut tout à fait s'épanouir dans ce nouveau mode de relation. De plus, une impuissance qui se serait installée de façon psychogène peut très bien s'améliorer, et l'homme peut récupérer une érection qui s'était dérobée par peur, par non-dit, par manque d'information, si le centre médullaire sacré S2 S3 S4 n'est pas lésé.

« La capacité d'accéder au plaisir sous une forme orgasmique est un déplacement dans la perception et la visualisation du plaisir à redécouvrir et à ressentir. Le corps ne révèle pas d'emblée ses secrets et notamment celui d'une jouissance possible de la partie haute du corps. C'est l'intensité du désir et de la relation amoureuse associée à une recherche érotique qui déplace et recrée peu à peu de nouvelles zones érogènes, qui jusque là, non seulement n'étaient pas sensibles, mais peuvent même, au début, provoquer une sensation de déplaisir et d'irritation. Ces zones deviennent progressivement sensibles au plaisir » (A. Cormerais et P. Lerebours, 1996).

S'ils sont réellement l'un avec l'autre, à partir du moment où ils vivent la relation pleinement, ils se mettent déjà en position orgasmique, même si ce n'est pas l'orgasme dans le sens strict du terme. Le para-orgasme existe une fois que le couple est en confiance, se connaît, qu'il est devenu apte à échanger, sachant recevoir et donner, qu'une harmonie existe, et que la peur du jugement de l'autre disparaît.

Après avoir atteint cette possibilité de plaisir, d'orgasme ou paraorgasme, la personne blessée médullaire raisonne de façon différente. Elle ne se considère plus en tant que déficit ou perte de capacité mais comme une personne capable d'amour, d'aimer et d'être aimé. Sa confiance en elle commence à changer dans ses possibilités de vivre à deux parce qu'elle a compris comment faire naître le plaisir dans ce corps modifié.

Travailler les fantasmes

Il est maintenant établi que l'excitation sexuelle provient de deux stimulations, une mécanique (réflexe) qui fait intervenir le toucher et une psychogène qui fait intervenir la pensée, l'imaginaire. En principe, ces deux stimulations sont mêlées. Dans le chapitre sur la physiologie, très schématiquement et dans les lésions complètes, on se rend compte que selon le niveau médullaire, au dessus ou en dessous du centre dorso-lombaire, il ne persiste pour l'homme ou pour la femme pour obtenir une manifestation physique sexuelle qu'une seule possibilité de stimulation : quand la lésion est haute, ce sera la stimulation mécanique qui sera efficace et quand la lésion est basse ce sera alors la stimulation psychogène qu'il vaudra mieux utiliser.

Chez toute personne, pas forcément blessée médullaire, lors de projection d'un film érotique, à la suite d'un rêve, à l'écoute d'une voix suave, à la senteur d'un parfum… il peut se produire une excitation psychogène qui peut se concrétiser par une excitation physique, un orgasme ou une éjaculation.

Quand la lésion est basse, située en dessous du centre dorsolombaire D11L2, et dans certaines atteintes du centre dorsolombaire il persiste la possibilité d'excitation sexuelle psychogène. Ceci dans le cas ou les lésions sont complètes. Or dans la réalité les lésion sont souvent incomplètes réagissant à la stimulation qui leur correspond mais aussi un peu à l'autre. Malgré cette théorie, dans leurs tests de recueil de sperme effectués chez 60 hommes dont les lésions étaient complètes ou partielles entre C4 et S3, F. Courtois *et al.* (1997) retrouvent que 9 % des hommes de niveau haut ont des éjaculations psychogènes alors que ce ne devrait pas trop être possible, la stimulation donnant une réponse dans ce cas devrait être mécanique uniquement.

On va donc s'évertuer, dans toute thérapie sexuelle, pour l'homme et pour la femme, à travailler toutes les possibilités de stimulation psychogène dans les lésions basses mais aussi dans les lésions hautes. On apprendra par des exercices à développer les fantasmes, à enrichir l'imaginaire érotique. On conseillera la vision de films érotiques ou l'achat de vêtements attrayants par exemple. On pensera à érotiser le partenaire dans ses fantasmes, dans la façon dont il est pensé, imaginé, désiré… On conseillera l'utilisation de parfum, de musiques envoûtantes. Le thérapeute peut aider à construire une ou des histoires érotiques qui éveillent le désir. La vue est un sens à stimuler également par des éclairages agréables, en découvrant progressivement ou en cachant de façon à suggérer certaines parties du corps... L'art de la beauté de l'acte d'amour, l'art de réveiller les sens s'apprend simplement. « La concentration visuelle se développe et renforce l'excitation des zones érogènes secondaires. L'image de l'érection (chez l'homme), de la vulve (chez la femme), garde toute son importance et participe à l'excitation , tant sur le plan symbolique que comme objet de construction érotique » (A. Cormerais et P. Lerebours, 1996).

89 % des hommes ayant une lésion sous le centre dorsolombaire obtiennent une éjaculation psychogène (F. Courtois *et al.*, 1997). Ceci est très rassurant. Aussi faut-il le dire et l'expliquer à l'homme afin qu'il soit conforté dans ses possibilités sexuelles lors de sa relation à deux et qu'il sache que cela peut se travailler. Le cortex intervient dans la réorganisation du schéma corporel, « ce qui explique que certains blessés médullaires deviennent capables de générer une éjaculation psychogène qu'ils n'auraient probablement pas su obtenir avant leur accident » (C. Czyba-Gaultier *et al.*, 1992).

Il est reconnu que le meilleur organe sexuel de l'individu est son cerveau, donc que ce soit pour la femme ou pour l'homme développer l'imaginaire et les fantasmes pour améliorer la stimulation psychogène, découvrir d'autres sensations de plaisirs n'a que des effets bénéfiques par la suite dans la relation de couple. Chez les valides ou les moins valides, le bonheur sexuel n'est pas souvent inné, il se construit petit à petit, chacun devant y mettre du sien et un peu de créativité.

L'ambiance

Il est nécessaire de recommander aux partenaires, afin de se découvrir et de se redécouvrir dans un équilibre différent, de créer une ambiance qui incite à des échanges affectifs et permette de dépasser l'angoisse. Mettre une lumière tamisée, une musique agréable, changer de lit ou aller dans un hôtel, parler de ses fantasmes, entre autres…

Jeux corporels, tendresse et verbalisation

L'équilibre du couple est modifié dans *le donner et le recevoir, l'actif et le passif*. Il n'est pas évident, pour celui qui est habitué à donner, d'apprendre à recevoir de la part de l'autre, et inversement. « Les fantasmes qui commandent les attitudes sexuelles de chacun sont souvent à revoir ou à aménager. » (J.-L. Simon, 1989.) Le travail va donc porter sur les échanges corporels et affectifs ainsi que sur l'étude des nouvelles interactions qui vont se mettre en place dans le couple.

Ces exercices peuvent sembler très simples. Mais à travers eux, c'est toute l'angoisse de la peur de l'échec que le couple doit dépasser. C'est oser montrer ce corps qui n'est plus le même et qui transforme la relation. C'est apprendre à dire les zones où la sensibilité est présente, celles où l'on sent quelque chose de bizarre, celles où l'on ne ressent rien. Décrypter, traduire, mettre en relation avec l'autre puis en mots partagés pour mieux se comprendre, se découvrir, échanger et s'aimer. Tenter de trouver les mots et oser décrire ce qui est ressenti pour dépasser un constat ponctuel initial, pour trouver sa propre sexualité, une harmonie entre son désir, des sensations et un plaisir partagé. Plusieurs codes de communication peuvent être utilisés au sein du couple pendant l'acte sexuel, dire juste un ou deux mot, expliquer, échanger verbalement, faire un signe de la tête, gémir, crier, placer la main de l'autre à l'endroit souhaité, guider la main, se positionner différemment. L'importance du dialogue dans le couple est fondamental, que ce soit pendant ou après l'acte sexuel. Cela peut s'apprendre progressivement en en parlant et en le travaillant avec le sexothérapeute.

Se découvrir ou se redécouvrir mutuellement dans la complicité et la communication est à la base de toute thérapie sexuelle. De plus, l'amour et la tolérance excusent les quelques moments inconfortables qui peuvent se présenter.

C'est *oser tout fair*e, faire tout ce qui peut faire plaisir à l'autre et l'emporter dans le monde du rêve. C'est apprendre à se reconnaître au travers d'une tendresse émerveillée qui transgresse la réalité corporelle. C'est découvrir par de multiples façons de faire une nouvelle forme de plaisir. C'est aussi comprendre que l'autre peut avoir besoin et être pleinement satisfait d'une autre forme d'amour. C'est donc apprendre à mettre en place de nouvelles habitudes et créer une relation affective et sexuelle satisfaisante pour les deux. « Je crois que la tendresse est un mouvement qui nous entraîne à suivre un chemin bordé de sensations et de sentiments où se trouvent mêlés bienveillance, acceptation, abandon mais aussi confiance, stimulation, étonnement, découverte. Pour suivre ce chemin, peut-être faut-il accepter de dépasser des peurs, de sortir des préjugés, d'affronter l'inconnu d'une rencontre. » (J. Salomé, 1988.)

Apprendre à s'abandonner totalement dans les bras de l'autre, sans chercher à diriger, uniquement à ressentir, à écouter la voix du partenaire jusqu'à se sentir perdre les limites. Ceux qui ne se sentent pas inspirés pour dire des mots pendant l'amour peuvent se rassurer en sachant que **souvent ce ne sont pas les mots en eux-mêmes qui importent mais le son de la voix qui se fait plus fort que les mots. Les gémissements, plaintes, cris**, peuvent aussi guider l'autre plus sûrement qu'une carte d'état-major.

Le plaisir est à rechercher pour ne pas avoir seulement lubrification ou érection permettant un rapport sexuel non ressenti par exemple. On leur demande, pendant la relation sexuelle, d'être totalement à l'écoute de leurs réactions sexuelles comme cela se passe pour les personnes valides: l'augmentation de la fréquence cardiaque, la variation du rythme respiratoire, l'augmentation de la sudation, c'est aussi l'ensemble de ces réactions qui déclenchent du plaisir. Même si il y a une zone anesthésiée, ne pas faire un deuil complet de la verge ou du clitoris mais chercher dans l'ensemble du corps les zones qui donnent du plaisir. Parce qu'en fait, on s'aperçoit que les blessés médullaires à cause de leurs troubles de la sensibilité ne sont plus à l'écoute de leur corps en terme de plaisir, mais que si on travaille la dessus le plaisir revient (K. Charvier, 2001). Cela explique en partie pourquoi il y a moins de plainte de la part des femmes, parce qu'elles sont spontanément beaucoup plus à l'écoute de leur corps. Les hommes, plus facile à appréhender, ont à faire plus d'efforts pour s'ouvrir à une sexualité plus large et à devenir à l'écoute de leur corps et de leur plaisir. K. Charvier explique bien que le plaisir n'est pas seulement la sensibilité avec le chaud, le froid, le touché, le piqué, en fait **ce sont les réactions sexuelles, variations végétatives déclenchées par l'excitation sexuelle. C'est cela qu'il faut travailler** et le faire comprendre à ceux qui sont paraplégiques, c'est très important. S'ils sont à l'écoute de leurs sensations, ils se rendent compte effectivement qu'il se passe des manifestations physiques et cela devient agréable c'est déjà du plaisir.

C'est au thérapeute d'oser leur parler, au début, des rapports bucco-génitaux quand ils n'entrevoient pas de solution pour leur sexualité, et de leur éviter ainsi une intense période de désespoir.

Les *exercices* sont centrés essentiellement sur le toucher de la peau, l'exploration de l'ensemble du corps, l'éveil du désir, avec interdiction formelle de réaliser un coït. Le sexologue insiste sur l'importance de caresser, d'embrasser l'ensemble du corps et même les parties paralysées parce qu'elles existent et font partie du corps. Restituer l'image corporelle intègre participe au fait de se réconcilier avec son corps. « La tendresse, c'est la distance abolie dans le sens de s'abandonner, d'oser se laisser aller en ayant le sentiment qu'on va être reçu et peut-être amplifié, qu'on ne va pas être repoussé, rejeté. » (J. Salomé, 1988.) Les partenaires peuvent rechercher le type de stimulation qui provoque une érection réflexe ou psychique, entraîner une éjaculation, ou permettre une sécrétion vaginale, un orgasme.

La personne paralysée pensera à encourager son partenaire qui souffre de ne savoir par où commencer pour aborder ce corps qui reste silencieux sous ses caresses. L'aider à ne pas s'enfermer dans un sentiment d'échec ou de ne pas culpabiliser devant cet obstacle qui peut lui sembler impossible à franchir.

Je leur dis qu'il est important qu'ils se concentrent sur le plaisir reçu et qu'ils tentent de *satisfaire leur partenaire sans coït sur un mode ludique*. Cela permet de dépasser l'angoisse de la performance, pouvant alors inciter au rapport sexuel avec pénétration, justement par plaisir de transgresser l'interdit. « L'une des fonctions des thérapies est aussi de rappeler la fonction ludique du rapport sexuel qui doit abandonner son caractère de performance au profit d'une communication privilégiée entre les deux partenaires. » (F.-X. Poudat interrogé par Abusubul, 1991.)

Il existe des degrés dans les exercices à effectuer à l'intérieur du couple, pour apprendre à dépasser les sentiments d'infériorité, de crainte, de honte, et pour apprendre à découvrir l'autre. On doit comprendre que c'est l'image que l'on donne de soi qui induit le désir de l'autre et non pas le corps réel.

Ils peuvent se passer l'un et l'autre une crème parfumée sur l'ensemble du corps, avec une lumière agréable. « Donner et recevoir du plaisir, penser en terme de plaisir sans être étroitement fixé sur l'acte sexuel. » (W. H. Masters et V. E. Johnson, 1971.) Ils apprennent à se redécouvrir mutuellement en cherchant uniquement à ressentir les émotions. *Tous les sens*, le toucher, le goût, l'odorat, l'ouïe participent à la vie érotique. Il faut donc veiller à l'hygiène personnelle et à l'environnement.

En principe, on limite cet exercice, dans un premier temps, au corps entier, mais sans mettre en jeu les organes génitaux (et, pour l'homme, sans se préoccuper de la qualité de l'érection). Ensuite, quand le couple éprouve moins de craintes, le jeu peut être étendu à la sphère génitale. Ceci correspond aux deux temps d'*éveil des sens* de W. H. Masters et V. E. Johnson (1971).

Une variante est de n'utiliser que les lèvres, la bouche, la langue, dans un premier temps. Ceci permet de sortir des habitudes enracinées, afin de développer un nouveau comportement et de nouvelles sensations.

Créer une atmosphère drôle, comme par exemple en séchant le partenaire après sa douche uniquement avec la langue, sans utiliser de serviette : cela engendre en général les éclats de rires et rapproche le couple. On insiste sur le fait qu'il faut donner du plaisir et en recevoir.

G. Zwang (1990), à sa manière, explique les exercices à effectuer afin de revaloriser l'érogénéité globale du corps féminin : « Des séances de caresses générales, nu à nue, dont il est bien convenu, du moins au début, qu'elles ne débouchent pas sur le coït. La femme est sécurisée par l'absence de toute visée de copulation immédiate et égoïste de l'homme, et confortée dans l'estime de son propre corps cajolé comme une matière précieuse. C'est un véritable apprentissage-réapprentissage à la fois du rôle objectif du corps féminin déclencheur du désir, et du rôle subjectif de ses zones érogènes secondaires. L'homme peut oindre ses mains d'une lotion parfumée. »

Ils peuvent discuter ensuite entre eux, puis avec le thérapeute, de leurs impressions, sensations, plaisirs, peurs.

L'importance de la relation affective et la complicité qui peut s'installer dans le couple doivent être mises en valeur, ainsi que les façons de « faire l'amour » autrement que par la pénétration. P. Segal (1980) : « Je m'exerce à leur faire comprendre, à l'aide de toutes les expériences possibles, que ce qui doit compter pour eux plus que pour tout autre, c'est d'aborder ce problème sexuel par son aspect relationnel. Une relation, c'est une communication. L'aspect physique viendra ensuite, et à la limite, qu'il ne suive pas devient de peu d'importance. Il est des jouissances équivalentes en intensité, qui ne passent pas par les chemins d'une classique érection. »

L'HOMME ET LES TROUBLES DE L'ÉRECTION

Parler de la sexualité à l'homme en allant au devant de ses questions peut l'aider à ne pas se laisser envahir par la dépression. En effet, « la dépression s'accompagne souvent d'une « anorexie sexuelle », mais une impuissance peut induire une dépression réactionnelle » (B. Cordier, 1991).

Il est important pour l'homme, avant son premier rapport après l'accident de connaître plusieurs éléments :

– être bien au courant de son anatomie et de celle de la partenaire, de connaître ses possibilités physiques après être passé par une période d'exploration de son corps et de ses réactions. Il est préférable qu'il ait déjà essayé le viagra*, vibromasseur ou injection intra-caverneuse. Si sa lésion est haute (supérieure à D6), les signes cliniques accompagnant l'érection-éjaculation provoquée par masturbation ou par moyen médicamenteux doivent avoir été supervisés par un médecin les premières fois pour éviter les risques d'hypertension grave. Si des signes gênants persistaient, de l'adalate* en comprimé serait proposé avant le rapport ;
– ne pas avoir d'érection suffisante pour une pénétration engendre une peur. Cette peur ne fait que diminuer les chances de pouvoir avoir un rapport sexuel. La partenaire aussi redoute ce moment de la sexualité. C'est donc à deux qu'ils doivent apprendre à faire fuir les soupçons, doutes, craintes qui planent sur leurs possibilités sexuelles, et à se donner mutuellement des bouffées de plaisir ;

- **« il n'y a pas obligation d'avoir un coït et qu'il y aura toujours une autre fois »**, peut déculpabiliser et supprimer l'angoisse ;
- l'homme ne doit pas se voir en spectateur de sa sexualité, mais doit être acteur de ses sentiments et de ses émotions pour pouvoir vivre son plaisir.

« Le droit à l'échec est l'une des conditions fondamentales de toute mise en jeu du désir, avec toutes ses conséquences, c'est à partir de là qu'on accepte le risque d'être déçu par l'autre. Mais c'est aussi à partir de là qu'existe la possibilité de l'aimer pour lui en le découvrant. L'aimer pour ce qu'il nous révèle d'inconnu, l'aimer pour sa différence. » (J. Salomé, 1982.)

En Chine, un des plus grand médecin Taoïste, Soen Sse-Mo a répandu une conduite de vie très prisée en amour pour favoriser la longévité : « **Si vous pouvez aimer cent fois sans émission, vous vivrez longtemps**. » Depuis des années, la philosophie chinoise qui concerne des milliers d'hommes incite l'homme à dissocier l'orgasme et l'éjaculation. Ainsi au cours du rapport sexuel l'homme prend du plaisir mais sans « gaspiller » sa semence et sans perdre son énergie. Cette façon de faire d'après le Taoisme le préserve ainsi en bonne santé, sans risque d'affaiblissement et lui permet de conserver sa jeunesse malgré les années. Beaucoup d'hommes blessés médullaires se plaignent de ne pouvoir éjaculer lors du rapport sexuel ou lors de la masturbation. Quand ils apprennent qu'autant d'hommes dans le monde s'appliquent à jouir justement sans éjaculer, en principe, ils se sentent mieux. Non seulement ils ne se retrouvent plus en situation de perte, mais dans la même situation que ces hommes à la recherche d'un niveau suprême d'élévation spirituelle qui conservent leur semence pour une meilleure santé physique et mentale.

La femme et l'anorgasmie secondaire

On observe assez souvent, après le traumatisme, une diminution du désir due à la perte de sensibilité génitale, une diminution de la fréquence des relations sexuelles et de la satisfaction sexuelle.

Il est toujours un peu plus difficile de cerner la sexualité de la femme, celle-ci s'exprime moins précisément que l'homme, avec un langage plus intériorisé, les perceptions ne lui sont pas simples à traduire.

Toute femme valide met beaucoup plus de temps que l'homme pour devenir excitée sexuellement et pour obtenir l'orgasme. C'est une notion physiologique bien réelle qui conditionne le rapport sexuel. Il faudra donc passer plus de temps aux préliminaires, aux caresses, stimulations pour lui permettre d'être excitée et par la suite de jouir qu'il n'en est besoin pour l'homme. La sexualité de la femme est fragile, délicate, elle nécessite de s'abandonner totalement dans un climat de confiance et de tendresse pour s'épanouir.

Quand la paraplégie est là, encore plus d'attention sera nécessaire pour approcher cette femme, éveiller son désir et l'amener au plaisir.

La peur de ne pas être à la hauteur s'impose souvent. Pour acquérir une confiance en soi permettant la relation à deux, la femme devra elle aussi passer par la période de re-découverte de son corps, pour le connaître, savoir comment il réagit, quelles sont ses zones sensibles au niveau génital et au niveau de son corps en entier. Toutes ces recherches se feront en se servant de fantasmes érotiques pour associer la stimulation psychogène à la stimulation mécanique.

Est-ce que de se caresser au niveau du clitoris procure du plaisir, un orgasme ? Est ce que l'entrée du vagin, la vulve sont des zones sensibles ? L'utilisation d'un vibromasseur déclenche-t-il des sensations, par les vibrations, par le fait d'atteindre le col de l'utérus ?

Malgré une absence de sensation de sa région génitale, parfois, elle pourra noter une augmentation des sécrétions vaginales lors de la masturbation, ce qui est rassurant pour faciliter de futurs rapports sexuels. On informera, si cela n'a pas été déjà fait, de la possibilité d'utiliser des spermicides ou des gels hydratants intimes pour suppléer à la diminution ou à l'absence de sécrétion vaginale pendant les rapports sexuels. Cependant on comprendra que si la sensibilité génitale est absente ou imparfaite, la femme va vite se lasser de se masturber, elle n'en éprouvera ni l'envie, ni le besoin.

Le haut du corps aussi est à explorer, ventre, hanches, seins…

C'est une fois réhabilitée dans sa confiance qu'il lui sera plus facile, lors du rapport sexuel, d'atteindre l'orgasme stimulée par elle-même ou par son partenaire dans une atmosphère détendue, chaleureuse, propice à l'épanouissement sexuel. Il est nécessaire d'expliquer ce phénomène de peur, sa réalité, et de le dire aussi au partenaire afin de dédramatiser la situation.

Les femmes ayant une sensibilité clitoridienne et qui ne peuvent *se détendre* suffisamment par honte, peur, sentiment d'humiliation, peuvent réaliser *la phase du plaisir sensuel* par les caresses génitales et vaginales dans la position dénommée

« disponible » par W. H. Masters et V. E. Johnson (1971) et qui est préconisée dans les anorgasmies.

L'homme doit être confortablement assis, dos appuyé sur des coussins, jambes allongées écartées. La partenaire est assise entre ses jambes ouvertes, le dos contre sa poitrine, la tête reposant en arrière sur son épaule. Elle dispose ses jambes par dessus celles de l'homme (si les contractures le permettent). « Dans cette position, la femme est envahie par une chaude impression de sécurité et donne à son mari toute liberté d'explorer tout son corps d'une manière conforme aux principes de la sensibilisation. »

« Au stade suivant, la femme pose doucement la main sur la main de son partenaire. En augmentant légèrement la pression ou en guidant le mouvement, elle montre à son mari réceptif où et comment il doit agir. Elle communique, au fur et à mesure, les besoins nés de son système de valeurs sexuel et donne à son partenaire la possibilité de les connaître et de les satisfaire avec sûreté. La femme trouve également par ce moyen la possibilité de suggérer des caresses génitales spécifiques sans se trouver gênée par la nécessité de formuler une demande verbale ou de fournir une explication détaillée. »

De plus, la position « disponible » évite à la femme d'entrer dans un rôle de spectateur jugeant ses propres possibilités. « Une masturbation didactique, à poursuivre jusqu'à l'orgasme, est parfois plus efficace que de longs exposés. » (G. Zwang, 1990.)

C'est à la femme d'apprendre à dire ce qu'elle aime, ce qu'elle sent pendant l'acte sexuel ou après, en prévision d'une autre fois et au partenaire à apprendre à être réceptif aux demandes. Elle peut lui guider la main pour ne pas qu'il s'éternise à caresser son sexe peu sensible quand elle préférerait qu'il lui dorlote les seins par exemple.

Information de la personne blessée médullaire, du conjoint s'il existe et du couple

Une fois l'examen médical réalisé, la personne blessée médullaire connaît son niveau de lésion, sait des termes neurologiques et se pose beaucoup de questions sur son devenir sexuel et sa vie affective future. Le sexologue va donc informer sur les lésions, sur le fait que les atteintes sont souvent incomplètes et qu'une certaine récupération est possible les premières années. Surtout il va insister sur les possibilités restantes ou récupérables par des moyens médicaux, sur les possibilités d'explorer son corps et de développer d'autres sensations pour obtenir du plaisir, et sur les différentes relations d'amour pour donner du plaisir à l'autre. Michel Lecocq explique aux accidentés « qu'il est bon de savoir que la quasi-totalité des traumatismes de la moelle épinière qui provoquent les paraplégies ne rendent radicalement impossible ni le fonctionnement des organes sexuels, ni la procréation chez l'homme (érection, éjaculation peuvent demeurer possible) comme chez la femme (la lubrification et les modifications des organes se produisent) même si ce fonctionnement est devenu insensible; et il est sans doute encore plus utile de comprendre qu'il est possible de construire une sexualité équilibré et heureuse en dehors du schéma classique du coït, plaisir et orgasme pouvant être obtenus à partir d'autres zones que celles des organes sexuels lorsque ceux-ci sont privés de sensibilité par le handicap » (*in* P. Leterrier, 1989).

La personne paraplégique pourra transmettre ces explications à son futur partenaire ou à son conjoint actuel, mais il est utile que le sexologue rencontre également le conjoint en consultation pour lui donner les informations nécessaires mais de façon plus objectives.

Traiter le couple est fondamental pour ne pas ignorer la responsabilité de chacun et l'échange symbolique ou réel qui leur appartient. Si l'on ne s'occupe que de la personne blessée médullaire, le partenaire pourrait détruire les effets bénéfiques obtenus, ou empêcher les progrès par son ignorance ou son incompréhension.

Le conjoint, lui aussi, vit difficilement la défaillance sexuelle et motrice de son partenaire. C'est une des raisons pour lesquelles il doit également être pris en charge. Il faut l'aider à pouvoir répondre aux questions qu'il se pose. Quelles sont les aptitudes sexuelles de l'autre? Va-t-il le peiner? Certains gestes sont-ils inutiles? Faut-il agir comme avant, faire semblant, être passif, actif, continuer à manifester des demandes physiques, faire le deuil de la relation sexuelle? Vouloir agir uniquement avec la personne handicapée est une erreur: ce serait ne considérer qu'une moitié du problème en niant l'unité conjugale. La frustration du conjoint est grande, elle aussi, et d'autant plus que l'autre représente ses rêves, ses fantasmes, son idéal narcissique, et que brutalement le miroir s'est brisé. *Le conjoint aussi doit réinventer sa sexualité.* Il faut donc l'intégrer dans cette reconstruction.

« La tendresse retrouvée, c'est comme des lunettes correctrices qui pourraient corriger le regard et la vision sur la vie. » (J. Salomé, 1988.)

Le conjoint également sera suivi en consultation pour préparer la rencontre du couple lors des sorties en week-end à domicile et pour parler de ces retrouvailles.

Réciproquement, on fera entendre, si c'est nécessaire, à la personne blessée médullaire que son conjoint ne peux pas deviner toute les bonnes attitudes ou réactions à avoir envers lui. On lui fera comprendre que son partenaire bouleversé, peut ne pas savoir comment réagir. Les premières fois on incitera les deux partenaires à ne pas être trop exigeants, à ne pas s'imposer, à expliquer calmement ses désirs. Ne pas minimiser la souffrance du conjoint rétablit un certain équilibre dans le couple.

Aux USA, T. M. Cole *et al.* (1973) ont réalisé un programme intensif de recommandations sexuelles sur deux jours, comprenant vingt heures d'ateliers. Ils utilisent des diapositives, des conférences, des panneaux d'affichages, des films, pour montrer les différents aspects et possibilités de la sexualité, tant conventionnelle que controversée. Ceci inclut la nudité, les fantasmes, la masturbation des hommes et des femmes, l'homosexualité, l'hétérosexualité, les thérapies sexuelles et la sexualité de personnes blessées médullaires, la pornographie. Ce programme comprend également des discussions en petits groupes, guidées par un meneur expérimenté et une personne blessée médullaire.

En fin de séminaire, plusieurs questions ont été posées :

- 100 % des personnes sont satisfaites des ateliers,
- 98 % pensent que cela leur est utile,
- 2 % que ce programme sera sans effet,
- 98 % pensent que ce programme devrait être présenté à toutes les personnes blessées médullaires.

Si ces données traduisent un enthousiasme pour ce type de programme, T. M. Cole et ses collaborateurs notent également le manque de données pour connaître l'activité, les comportements et les satisfactions sexuelles des personnes blessées médullaires.

Ces programmes collectifs et intensifs utilisés aux états-Unis, bien que paraissant très bien étudiés et intéressants, me semblent très difficilement adaptables – et peut-être n'est-ce pas souhaitable – en France : la sexualité est chez nous un domaine tabou. Exposer en public ses souffrances sexuelles me paraît difficile. Mais surtout, projeter le même film standard à une multitude de sensibilités, d'éducations, de principes différents peut être grave : au delà du fait de choquer, cela peut en traumatiser certains. Ce n'est pas parce qu'une personne devient paraplégique qu'elle est apte à entendre toutes les informations concernant les différents aspects de la vie sexuelle. Elle peut, par exemple, se sentir *diminuée* de ne pas avoir connu ces différents modes de sexualité.

La sexualité est trop intime et personnelle. Elle doit être abordée *calmement*, en consultation personnalisée, le paraplégique accompagné ou non de son partenaire et le thérapeute, en reprenant l'anatomie et la physiologie avec un vocabulaire accessible, associé à une illustration simple, puis en expliquant les autres possibilités sexuelles qui demeurent ouvertes. Mettre à l'aise, sentir jusqu'où il est possible d'avancer, provoquer si besoin est, mais de façon réfléchie.

Des *petits groupes* pourront alors être constitués ; groupes homogènes ou hétéroclites. Chacun peut alors apporter à l'autre ses « trouvailles », confronter ses problèmes à ceux de l'autre afin de faire disparaître le sentiment d'unicité dans la souffrance dû à la solitude.

L'information au sein du groupe est globale et chacun peut être vu en consultation individuelle par la suite pour tout renseignement supplémentaire ou personnel.

L'AFFIRMATION DE SOI

Le renforcement positif est à utiliser à propos des capacités personnelles, des possibilités d'établir une relation ou d'en maintenir une avec un conjoint, sans passer à l'usage d'une sexualité traditionnelle. La perte de la sensibilité et mobilité du bas du corps est une rupture de la structure interne du corps. Le corps s'écroule, et le psychisme aussi. Celui qui pleure ses capacités sexuelles demande à être réparé dans sa fonction sexuelle mais aussi dans tout son psychisme. C'est le doute souvent, c'est la perte de confiance en soi. Là encore le thérapeute a son rôle: expliquer qu'il ne s'agit pas d'incapacité à toute relation amoureuse, qu'il faut juste prendre le temps de s'adapter, de comprendre ce qui se passe, d'apprendre de nouvelles façons de faire et, enfin, d'aller à la relation pour la vivre pleinement.

Des stages de communication-affirmation de soi sur une base de thérapie comportementale et qui ne soient pas seulement réservés aux personnes handicapés, sont très appropriés. Dans un premier ou deuxième temps? Il n'y a pas de règle absolue.

Ces stages aident à prendre la parole dans le groupe, à communiquer plus facilement. Apprendre à dire ses émotions, ses impressions, d'une manière adaptée, sans agressivité ou sans jérémiades, est une excellente chose à tout point de vue. Que ce soit dans le domaine affectif, professionnel, relationnel, les répercussions en sont bénéfiques. L'intégration sociale et affective est alors facilitée. Le groupe permet de renvoyer l'image perçue par la société. Cette image peut alors être étudiée, visualisée. À partir de cette prise de conscience, la personne peut reconstruire une nouvelle image d'elle-même et la rendre plus accessible à l'autre, plus relationnelle. L'ambiance en général chaleureuse de ces groupes de travail facilite l'investissement personnel et permet de s'améliorer assez rapidement.

LES CONTRATS DE COUPLE. RÉINVENTER LE COUPLE

> « Je compare volontiers la vie d'un couple à celle d'un mur : tous les jours, le vent, la pluie, le soleil ou le gel viennent l'agresser, l'user, participer à sa destruction...
>
> Alors, tous les jours, il faut surveiller les dégradations et les réparer, remettre une pierre à l'édifice qui ne demande qu'à s'effriter si l'on ne prend pas garde à son entretien. »
>
> (P.-A. Chapelle, 1989.)

À cause du handicap peuvent naître des sentiments mêlés ou ambivalents :

– chez le malade vis-à-vis du conjoint valide :
  • ne plus être à la hauteur, ne plus « assurer » en face de lui,
  • la haine qui peut naître de le voir obligé de s'occuper d'une personne handicapée ;
– chez la personne valide vis-à-vis du conjoint handicapé :
  • la haine qui peut naître de le voir, en face d'elle, diminué,
  • la culpabilité de ne pas avoir une attitude parfaite en face de lui, et d'avoir du mal à assumer sa pathologie.

L'homéostasie du couple est modifiée. Afin d'instaurer un nouvel équilibre, il est possible de s'aider de contrats bien établis, décidés à deux, le thérapeute jouant alors le rôle d'arbitre. Chacun des deux partenaires devra donc préciser quel comportement il changera en fonction de quel comportement de l'autre. Le contrat doit être respecté et il peut être modifié à chaque nouvelle séance. Ce système permet d'éclaircir la situation et de travailler de façon saine et équitable, chacun sachant ou il en est dans la relation. La base de ce contrat est d'apprendre à négocier: « Quel est mon désir? Quel est le tien? Il me dérange que tu agisses ainsi... Et toi, qu'est-ce qui te gêne dans mon comportement? »

Chacun doit pouvoir s'exprimer sur sa façon de concevoir cette nouvelle vie ensemble: « Quel est ton projet? Je t'écoute... Oui, précise davantage ton idée... » Un temps à peu près équivalent de parole leur est attribué afin que personne ne se sente mis à l'écart ou incompris. Ils peuvent alors chercher ce qu'ils ont de commun dans leurs projets, afin de se rejoindre. Faire la sieste ensemble, la cuisine, un voyage, se détendre, lire... Éviter de vouloir amener l'autre dans son domaine ou de vouloir détruire son territoire...

À partir de là il peuvent prendre conscience, en verbalisant tous les points positifs autres que sexuels qui les unissent, de l'importance du besoin réciproque qu'ils ont l'un de l'autre. Le rôle des liens de temps, de tendresse, de famille, d'amour, d'habitude, entre autres, qui les lient est à étudier.

Développer la communication du couple est essentiel pour éviter les non-dits chargés de reproches, si lourds de conséquences et maîtres d'œuvre de la destruction d'une relation. Lors des entretiens du couple, des jeux de rôle rapides peuvent être engagés pour faire une mise au point de certains comportements. L'information est toujours au premier rang pour la compréhension mutuelle.

Le thérapeute va observer également l'écoute qui règne entre eux. Le silence peut aussi être un moment fort de transmission de tendresse, par l'écoute de l'autre dans ce qu'il dit, vit, réagit. Il faudra donc faire des exercices afin de développer les points importants qui pourraient être amplifiés, et travailler à casser les processus parasites de l'amour qui déstabilisent le couple. « Mais je sais aujourd'hui que la tendresse n'est pas seulement physique. Elle est sensation fragile, émotion imprévisible, regard étonné, mouvement secret et fugace, reliés à l'ensemble des sens. » (J. Salomé, 1988.)

C'est à chaque instant que les deux partenaires ont à savoir émettre leurs doutes, leurs craintes, à désamorcer les petits conflits avant que le drame ne s'installe et ne devienne trop lourd à gérer. « Il n'est pas nécessaire de se coincer dans le difficile pour dire le plus important ou l'essentiel. » (J. Salomé, 1982.) Les jeux de rôles rapides permettent de s'exprimer plus librement et de percevoir pourquoi ils n'ont pas osé parler de ce malaise.

Prendre conscience qu'exprimer de l'animosité envers l'autre ne veut pas dire ne plus l'aimer. De nombreux couples se fondent sur l'image que le partenaire est l'être idéal avec lequel vivre se fera sans conflits, sans disputes, et qui offrira tout le rêve qui a manqué durant les étapes antérieures. Or faire des réflexions critiques avec intelligence permet de faire avancer la relation et de s'entendre toujours mieux.

L'homme et la femme tétraplégiques

Tout ce qui a été dit précédemment concerne autant la paraplégie que la tétraplégie. Mais des difficultés supplémentaires interviennent provoquées le plus souvent par la faible mobilité ou l'absence de mobilité des bras.

Cependant, la capacité à aimer et les défauts sont les mêmes qu'avant le traumatisme. Un jeune homme un peu maigre au sourire fragile me disait : « Quand je tiens mon amie dans les bras, on peut rouler sur le lit, rire aux éclats. Je la caresse et sa peau, ses seins, son odeur m'enivre. Bien sûr mes doigts sont plus maladroits mais petit à petit à force de se parler on a trouvé notre façon de faire, on cale bien mon coude et l'avant-bras, on se positionne tous les deux comme il faut et voilà… »

Quand la main de l'homme ou de la femme s'avère trop maladroite, la bouche prend simplement le relais pour embrasser le corps et le sexe de l'autre.

Habituellement, les personnes tétraplégiques, hommes ou femmes ont des rapports sexuels plus satisfaisants que les paraplégiques. L'homme a une bonne qualité d'érection à la stimulation physique, la femme a plus facilement une lubrification vaginale et lorsqu'elle est déficiente, elle peut être compensée par des gels hydratants intimes. Viagra* ou injection intra-caverneuse* peuvent être utilisés pour prolonger le rapport sexuel.

Certains ont besoins d'oxygène, ce n'est pas un problème pour le rapport sexuel. Soit de l'oxygène est délivré dans l'air ambiant dans la région de la tête, soit une sonde nasale peut être mise en place ou laissée en place au niveau des narines. En effet l'activité masturbatoire ou sexuelle augmente physiologiquement la consommation en oxygène qui peut être suppléée.

Une vie affective épanouie intégrant des relations sexuelles est possible autant pour un homme que pour une femme tétraplégique. En principe, les couples qui durent après l'accident, ou qui se forment par la suite, sont constitués de la personne tétraplégique et d'une personne valide ou pas très valide, le couple pouvant être totalement autonome dans l'intimité.

La mobilité étant restreinte pour la personne tétraplégique, le couple va apprendre progressivement à s'adapter pour trouver sa solution. Le conjoint va devenir plus actif lors des échanges sexuels et quelques coussins peuvent être bien utiles pour se caler confortablement. On peut conseiller de feuilleter des livres illustrés du Kama-Sutra afin que le couple puisse s'approprier une ou deux positions qui conviennent aux échanges. On leur rappelle que les couples de personnes valides, en moyenne, font l'amour toujours dans la ou les deux mêmes positions. On les incite à élargir leurs idées en se documentant, afin d'oser naturellement intégrer les relations oro-génitales ou l'utilisation de godemichet à leurs pratiques, par exemple. Tout est autorisé dans la vie sexuelle à condition que le partenaire soit d'accord. On insiste sur le fait que l'important est de se sentir réciproquement compris et de percevoir l'autre avec tendresse.

La tétraplégie provoque une paralysie et une modification de la sensibilité de l'ensemble du corps situé sous la lésion dont les organes génitaux. Le mécanisme de l'excitation sexuelle (qui est habituellement fonction d'une stimulation mécanique type masturbation et psychogène telle que l'imagination, la vue…) est ici modifié. Seuls les moyens mécaniques de stimulation des zones érogènes permettent les manifestations érectiles. Chez la femme, la stimulation de la région génitale, malgré l'absence de sensibilité, provoque l'érection du clitoris et une lubrification vaginale qui permet un rapport sexuel. Pour l'homme, la masturbation ou la stimulation de la zone périgénitale induisent le plus souvent une érection qui permet la pénétration, mais le pénis va tendre à perdre sa rigidité pendant le rapport sexuel. On peut remédier à ces difficultés en agissant sur les organes génitaux et/ou sur la partie non paralysée du corps.

Par exemple plusieurs méthodes existent pour permettre ou maintenir l'érection. Entre l'utilisation d'un élastique large qui fait garrot à la base de la verge, l'utilisation d'une pompe à vide (pompe à érection), l'injection intra-caverneuse de PGE1 ou d'alpha-bloquant, la prise de Viagra*, une solution existe pour réaliser un coït.

Petit à petit, l'amour se conçoit avec davantage d'ouverture d'esprit. Sous les baisers, les caresses, les stimulations, les zones non paralysées du corps (cou, nuque, bouche, lobe de l'oreille...) vont devenir hyper-réceptives et provoquer un paraorgasme qui apporte détente et satisfaction, proche de l'orgasme traditionnel, mais perçu de façon plus atténué.

La personne tétraplégique peut amener le partenaire valide à l'orgasme que ce soit par la fellation ou le cunilingus. L'homme et la femme tétraplégique apprennent à stimuler par leur langue, leur bouche ou autre moyen et certains leur mains le sexe du partenaire valide pour l'amener à l'orgasme.

Par ces façons de faire, chacun obtient du plaisir (orgasme ou paraorgasme). Les aides médicales qui permettent la réalisation du coït sont fondamentalement utiles au début. La reprise de la confiance en soi est favorisée par le plaisir de se sentir capable d'obtenir une érection de bonne qualité, de la voir, de réaliser un coït « comme tous les hommes », de se croire mieux aimé et reconnu par la partenaire. Mais au fil du temps, ces produits sont souvent délaissés parce que la sensibilité génitale reste absente. L'homme a moins le désir de s'exprimer sexuellement par le coït puisqu'il trouve un épanouissement érotique par les caresses sexuées du haut du corps. La partenaire, satisfaite des caresses buccales du clitoris plus ou moins aidée de pénétration vaginale par les doigts ou un godemichet, n'est pas en demande de coït et se satisfait pleinement de cette relation sexuelle et affective.

Psychologiquement, la perte de la confiance en soi et de la possibilité d'être encore désirable, le fait de ne plus se sentir reconnu comme un être sexué entravent de façon majeure la relation. Cela peut provoquer l'interruption d'une relation qui pourrait se poursuivre, rancune et agressivité envers l'être aimé. Une thérapie d'affirmation de soi ou de couple semble nécessaire pour dépasser cette excessive souffrance. On peut suggérer de ne pas hésiter à être suivi par un thérapeute de couple pour apprendre à gérer au quotidien toutes les petites difficultés qui apparaissent afin de ne pas laisser la relation s'effondrer par peur de dire les choses. Le handicap peut entraîner agressivité, rancune, jalousie et autres défauts qui peuvent se travailler en thérapie.

Le conjoint plus valide doit éviter au maximum de devenir la tierce personne de l'autre pour les soins intimes.

Je dis qu'**il importe de créer sa propre vie affective**, sans se comparer avec des valides. Premièrement, les couples de gens valides ont eux aussi des problèmes et deuxièmement, chaque couple est unique. **C'est ce qui est vécu au quotidien et dans l'intimité qui a de la valeur**, vouloir copier les autres n'a pas trop de sens pour le couple.

Physiquement, presque tous les problèmes peuvent se gérer. la faible mobilité se compense par celle, meilleure, du partenaire. Les troubles de la sensibilité génitale par les zones érogènes du haut du corps. Tous les problèmes urinaires ou de selles trouvent solution, le principe étant d'avoir les rapport sexuels la vessie vide. La sécheresse vaginale se compense par l'utilisation de « gels hydratants intimes » vendus en pharmacie. L'Hyper Réflexie Autonome (HRA) est un désordre sérieux (sueurs, tremblements, HTA paroxystique...) qui survient surtout les premières fois que l'érection, la pénétration pour la femme, ou l'orgasme sont recherchés. Il est préférable de gérer ces manifestations en milieu hospitalier au début. Ensuite, si ces manifestations persistent, on conseille la prise d'1 cp. d'Adalate* avant le rapport sexuel.

La femme est tout aussi fertile que n'importe quelle femme valide. On vérifiera avant la grossesse par radiopelvimétrie les possibilités d'accouchement qui se fera habituellement par voie basse. La grossesse sera surveillée par une équipe spécialisée pluridisciplinaire.

L'homme devient peu fertile du fait de l'altération des spermatozoïdes (augmentation de la température des testicules plaqués contre la paroi abdominale, infections urinaires à répétition, diminution de la fréquence d'éjaculation). On conseille donc à l'homme de mettre son sperme en banque dans les CECOS.

Pour la femme la fécondation se passe de façon habituelle.

L'homme a souvent des difficultés pour obtenir une éjaculation en intra-vaginal. En premier lieu, il essayera la masturbation simple ou à l'aide d'un vibromasseur spécifiquement pour l'homme ou la masturbation après utilisation de Gutron*. Si ces techniques se révèlent insuffisantes, le sperme sera recueilli par stimulation endorectale ou par ponction chirurgicale directement dans un des canaux déférents. Ensuite, la fécondation artificielle pourra être réalisée. Ces méthodes ramènent les possibilités d'avoir un enfant à environ 30 %.

Concernant la loi et l'aide physique à la masturbation ou à d'autres gestes sexués, se reporter à « Un amour comme tant d'autres ? » de Bernadette Soulier.

Quand les deux partenaires sont tétraplégiques, leur mobilité est faible. Leur désir est de pouvoir s'embrasser, être l'un contre l'autre pour échanger sensualité au niveau de la nuque, des joues, du lobe de l'oreille, des lèvres et de la bouche. Ils ont tous les deux une perte de la sensibilité génitale. L'homme, qui n'a pas vraiment de satisfaction lors d'érection, sait en plus que la pénétration n'apporte pas beaucoup à sa femme tétraplégique qui ne ressent pas ou peu la pénétration. La relation sexuée pure va leur paraître pauvre, et le désir de la pratiquer va diminuer.

Les professionnels n'ont pas le droit d'intervenir physiquement au sein du couple ce qui serait très gravement punissable par la loi. Seule une prostituée le pourrait. Cependant ils ont le devoir d'installer le couple confortablement dans le lit puis de les laisser échanger affection, chaleur, rêves et sentiments…

L'ART-THÉRAPIE

Deux éléments me paraissent intéressants à utiliser dans la thérapie sexuelle : le dessin ou la peinture, et le travail de la terre les yeux fermés. L'absence de regard dans le travail de la terre laisse davantage émerger la représentation inconsciente du corps. Cela permet de mettre en avant les souffrances cachées, les non-dits somato-psychiques.

L'image ou la représentation sculpturale de leur représentation corporelle faite, il faut amener les patients à parler. Ont-ils intégré le chariot à la vision qu'ils ont de leur corps ? Ont-ils fait disparaître une partie de leur corps ? Les jambes sont-elles là ? Morcelées ? Absentes ? La représentation de leur sexe ou sa non-représentation doivent également être travaillées. « Le graphisme désigne ce que le vêtement cache, ce que les propos du malade taisent. L'accent mis sur la zone génitale par une persévération graphique, par un effet de transparence, se révèle souvent lors de l'entretien clinique être l'indice d'une problématique sexuelle. » (M.-C. Defontaine *et al.*, 1989.)

Le dessin permet de laisser s'exprimer un mal-être, une douleur trop intense que l'on ne sait plus exprimer ou dont on a honte de parler. Pour les personnes handicapées, expliquer ce mal-être toujours et encore en répondant aux questions du personnel médical finit par amener à un discours presque faussé ou stéréotypé. Dessiner permet de faire surgir différemment la souffrance ou de la faire apparaître sous un angle nouveau et encore inexploré. Pourquoi ce modèle réduit ou cette taille volumineuse, ce dessin fait à la va-vite ? Surtout, laisser le sujet s'exprimer.

La relaxation

La relaxation par sophrologie, *training* autogène ou hypnose, aide à retrouver une meilleure perception du corps et à accepter le handicap plus facilement. Les méthodes de J.H. Schultz (1968) restent la base initiale de la séance. Les techniques d'imagerie mentale, la désensibilisation systématique en imagination par sophrologie sont intéressantes pour aider à atteindre l'orgasme.

Conclusion

Pourquoi entourer le blessé médullaire d'un halo de mystère dépourvu de sexualité ? Pourquoi ne pas le considérer plutôt comme un individu ayant un passé affectif avec des troubles de la libido acquis ?

Ceci implique de considérer l'aspect organique des troubles sexuels bien sûr, mais pas uniquement cela. Il est nécessaire d'envisager une rééducation qui englobe la totalité de la personne en considérant également tout l'aspect affectif et relationnel qui peut exister au sein d'une relation amoureuse. Il est bien entendu que le vécu de la vie affective conditionne de façon importante la réinsertion dans la vie sociale et professionnelle.

Pour conclure, il me semble intéressant de raconter ma propre démarche, parce que la majorité des personnes soignantes ou paraplégiques ont, ou ont eu, initialement cette même façon de réagir.

Quand j'ai voulu étudier les solutions qu'on pouvait apporter pour aider une personne paraplégique dans sa vie sexuelle, la première chose qui m'importait, c'était de comprendre s'il y avait une érection en fonction du niveau lésionnel. Pendant des jours et des jours, je me plongeais dans la physiologie pour comprendre les niveaux lésionnels. Comme dans ce domaine rien n'est simple, je trouvais cela totalement inaccessible, et je n'étais jamais sûre de ne pas faire d'erreur sur une possibilité d'érection psychogène ou réflexe ou les deux, en fonction d'une atteinte partielle ou complète et de son niveau vertébral.

À partir de là, s'il n'y avait pas d'érection, le problème était de trouver comment la suppléer; les prothèses péniennes m'ont alors paru une excellente solution. Je me disais: « Voilà la solution idéale. »

Petit à petit, en discutant avec les personnes blessées médullaires et en considérant le problème différemment, je me suis rendu compte que je cherchais dans le mauvais sens.

En ce qui concerne la possibilité d'érection, les soignants n'ont pas à s'inquiéter, l'homme paraplégique sait très bien se rendre compte et dire s'il peut avoir une érection ou non. De même, la femme vous dira si elle sent son clitoris ou son vagin lors d'une pénétration. Donc, pour avoir la réponse, il suffit de leur poser la question. Voilà le premier faux problème qui intimide tant les soignants.

Mon erreur était également de vouloir remplacer, d'un point de vue mécanique seulement, l'absence d'érection. Or un délai de deux à cinq ans est nécessaire avant la mise en place d'une prothèse et seulement moins de 1 % des hommes demandent alors une prothèse. J'ai tout d'abord pensé à un manque d'information. Or la prothèse ne redonne pas de sensibilité… Mais surtout, l'homme, durant ces cinq ans, a trouvé un autre mode d'équilibre dans sa vie affective. Et c'est sur tout cet autre domaine qu'il faut se pencher pour conseiller une personne en détresse. Retrouver un passé n'est pas souvent possible. Trouver un nouvel équilibre, différent, privilégiant la sensualité, l'amour, l'échange, est une meilleure base. On peut se créer un avenir, on ne peut pas vivre deux fois son passé.

Je voudrais, par l'intermédiaire de ces deux maladresses : la recherche excessive de la physiologie de l'érection chez l'homme ou de la sensibilité génitale chez la femme et le remède miracle de la prothèse pénienne, montrer que le soignant et le blessé médullaire ne doivent pas buter contre un mur d'organicité.

C'est une autre dimension qu'il faut explorer. Celle du détail quotidien tel que, par exemple, les urines : « Que faire si on a envie d'uriner dans le lit au moment de faire l'amour avec l'autre ? » C'est donc tout un travail d'explication de techniques pratiques mais aussi de revalorisation, de dédramatisation. C'est surtout redonner confiance en soi car une grande peur est de ne plus pouvoir rencontrer quelqu'un « qui voudra de moi ainsi » : il me semble important d'avoir des exemples à citer de personnes en couples qui sont bien ensemble. C'est parler des possibilités sexuelles toujours actuelles, autres que la pénétration, quand les partenaires sont désemparés et qu'ils n'entrevoient aucune solution. C'est aussi pouvoir leur indiquer les aides qui permettent d'améliorer l'érection afin de réaliser une pénétration. C'est pouvoir indiquer à une femme démoralisée de ne pouvoir bouger des positions réalisables lors d'un rapport sexuel. C'est aussi parler des échanges affectifs autres que sexuels qui se créent dans un couple. Lors de l'apparition d'un malheur, on s'obnubile sur le problème en oubliant tout le reste. Mais croyez-vous qu'ils soient nombreux, les couples stables où l'on se dit : « Je t'aime et je reste avec toi pour ton pénis (ton vagin) », sans aucun autre échange entre eux ?

Un couple, c'est aussi tous ces liens qui se trament avec le temps. Ce sont ces échanges de regards, ces petits sourires, ce bras autour du cou, ce baiser dans l'oreille. C'est aussi dormir ensemble, échanger des mots doux, se tenir dans les bras, se faire des câlins, de la tendresse, des choses qu'il faut garder pour soi car elles n'appartiennent qu'aux deux et que personne d'autre n'a le droit de savoir. Un couple, c'est aussi se disputer, se faire mal et le regretter, c'est construire des projets ensemble, c'est aller au spectacle ensemble, c'est parler de rêve, de ses souffrances, de son enfance, ou du « petitou » qu'on voudrait faire naître. Un couple, c'est aussi aimer recevoir ses amis, parler ensuite de ces moments... C'est tellement dense, ce qu'on peut mettre dans le grand sac du mot couple, que le mot coït ne prend pas tant de place finalement et le mot orgasme encore moins...

Le couple, le couple stable, où l'un est paraplégique, c'est vraiment possible. J'en ai vu, c'est vrai, ce n'est pas un rêve inaccessible. Ils s'aiment, ils se donnent de l'amour, de la tendresse. Chacun trouve dans l'autre la part de vie, de rêve, de responsabilité, qui lui manque. Ils se détestent parfois et le lendemain se disent la larme à l'œil qu'ils ne veulent plus se quitter. Bref, ils sont aussi idiots, aussi malheureux, aussi amoureux, aussi fous d'amour que n'importe quel couple banal.

Bibliographie

ABUSUBUL C., « Entretien avec F.-X. Poudat », XXe congrès de thérapies comportementales, *Nervure*, 4, hors série, 1991.

AMAR E., « Traitements pharmacologiques, mécaniques et chirurgicaux de l'impuissance », pp.117-121, *in* sous la dir. de A. Giami et L. Pietri, *Les traitements de l'impuissance*, Ed. La documentation Française, Paris, 1999, 210 p.

AMER M., ARVIS G., « Les prothèses péniennes », *La gazette médicale*, 98, 34, 1991.

BAXTER R., « Divorce, the second trauma », in *Accent on Living*, Cheever RC, Bloomington, Illinois, 1981. (Cité par J.M. Kellet, 1990.)

BERETTA G., ZANOLLO A., FANCIULLACCI F., CATANZARO F., « Intracavernous injection of papaverine in paraplegic males », *Acta Europaea Fertilitatis*, 17, 4, 1986.

BIGGOOD F.E., « Sexuality and the handicapped », *Siecus Report*, 2, 3, 1974.

BLOCKMANS D., STEENO O., « Physostigmine as a treatment for anejaculation with paraplegic men », *Andrologia*, 20, 4, 1988.

BOUFFARD-VERCELLI M., CHAPELLE P.-A., « L'approche génito-sexuelle de l'homme paraplégique », *Cahiers de rééducation et réadaptation fonctionnelles*, 14, 5, 1979.

BOUSQUET J., *Exploration de mon médecin*, Sables, 1988.

BRESLIN C., « In a ward at the Bronx V.A. », Talking about the Unspeakable, New York, 1971. (Cité par T.M. Cole *et al.*, 1973.)

BRINDLEY G. S., *Cevernosal alpha blocad: a new technique for investigating and treating erectile impotence. Br. J. Psychiatry.*, n° 143, pp. 332-337, 1983

BRINDLEY G.S., « Sexual and reproductive problems of paraplegic men », *Oxford Rev. of Reprod. Biology*, 8, 1986.

BRUCHON-SCHWEITZER M., *Une psychologie du corps*, PUF, coll. « Psychologie d'aujourd'hui », 1990.

BUSTILLO M., RAJFER J., « Pregnancy following insemination with sperm aspirated directly from deferens », *Fertil Steril*, 46, 1986.

CAUVIN P., « Le vêtement symptôme. Une apparence parlante », *La gazette médicale*, 98, 1, 1991.

CHALET M., « Fonction de reproduction de l'homme blessé médullaire: insémination artificielle et fécondation in vitro » pp. 112-121 *in* sous la direct. de P. Costa et al. (collectif), *Sexualité, Fertilité et handicap*, col. Problèmes en médecine de rééducation n° 31, Masson, 1996, 261 p.

CHANG J., *Le tao de l'art d'aimer*, Calmann-Lévy, 1977.

CHAPELLE P.-A., BOUFFARD-VERCELLI M., « Notre bilan de la fonction génito-sexuelle du paraplégique homme », *Cahiers de rééducation et réadaptation fonctionnelles*, 14, 5, 1979.

CHAPELLE P.-A., « Neuro-physiologie de l'acte sexuel chez l'homme paraplégique », *in* J. Waynberg, *Handicap et sexualité*, Masson, 1981.

CHAPELLE P.-A., ROBY-BRAMI A., YAKOVLEFF A., BUSSEL B., « Neurological correlations of ejaculation and testicular size in men with a complete spinal cord section », *Journal of Neurosurgery and psychiatry*, 51, 1988.

CHARAZAC-BRUNEL M., « Psychophysiologie de l'orgasme », *Cahiers médicaux*, 6, 21, 1981.

CHARRON M., « Valides et handicapés sont égaux devant la sexualité », *Le généraliste*, 501, 1982.

CORDIER B., « Enquête sur la biographie sexuelle », *La gazette médicale*, 98, 34, 1991.

COLE T.M., CHILGREN R., ROSENBERG P., « A new programme of sex education and counseling for spinal-cord-injured adults and health care professionals », *Paraplegia*, 11, 1973.

COURTOIS F. *et al.*, « Fonction sexuelle et bilan sexologique de l'homme paraplégique et tétraplégique », *Andrologie*, n° 2, pp. 142-153, 1994

COURTOIS F. *et al.*, « Modèle neurophysiologique de la capacité éjaculatoire de l'homme lésé médullaire : vers un modèle sexologique de rééducation sexuelle », *Revue sexologique*, vol. 5, n° 1, pp. 143-160, 1997

CZYBA-GAULTIER C. *et al.*, « L'érection et l'éjaculation psychogènes : Mythe ou réalité ? Intérêt de leur recherche chez le blessé médullaire », *Andrologie*, n° 2, pp. 128-129,1992

DEFONTAINE M.-C., OSSON D., « Dessiner sa douleur, autre façon de dire des troubles somatomorphes », *Psychologie médicale*, 21, 6, 1989.

DENYS P. *et al.*, « Médicaments perturbant l'éjaculation chez le blessé médullaire », pp. 132-135, *in* sous la direct. de P. Costa *et al.* (collectif), *Sexualité, Fertilité et handicap*, col. Problèmes en médecine de rééducation n° 31, Masson, 1996, 261 p.

DENYS P. *et al.*, « Pratique des injections intracaverneuses chez le paraplégique », pp. 140-144, *in* sous la direct. de P. Costa *et al.* (collectif), *Sexualité, Fertilité et handicap*, col. Problèmes en médecine de rééducation n° 31, Masson, 1996, 261 p.

DIZIEN O., « Sexualité – fécondité : séquelles génito-sexuelles des blessés médullaires », *Le point carré*, 102, 1992.

DIZIEN O., « Impuissance : la prostaglandine E1 pourrait apparaître en France dans quinze mois », *Le quotidien du médecin*, 4870, 1991.

ENGLERT Y., GUÉRIN J.-F., JOUANET P., *Stérilité masculine et procréations médicalement assistées. Progrès en andrologie*, tome 3, Doin, 1989.

FAKACS Ch., « Les aides à l'érection de type mécanique chez le paraplégique », pp. 135-139, *in* sous la direction de P. Costa et al., *Sexualité, fertilité et handicap*, col. Problèmes en médecine de rééducation n° 31, Masson, 1996, 261 p.

FAURE J.-M., BOULOT P., « Fertilité et accouchement de la femme blessée médullaire : techniques de prise en charge », pp. 95-102, *in* sous la direct. de P. Costa *et al.* (collectif), *Sexualité, Fertilité et handicap*, col. Problèmes en médecine de rééducation n° 31, Masson, 1996, 261 p.

FRANÇOIS N., « Techniques de stimulations du paraplégique. Indications et résultats », *in* J. Waynberg, *Handicap et sexualité*, Masson, 1981.

FRANÇOIS N., « La fonction génito-sexuelle du paraplégique », *Réadaptation : les paraplégiques*, 291, 6, 1982.

FRANÇOIS N., JOUANNET P., MAURY M., « La fonction génito-sexuelle des paraplégiques », *Journ. Urol.*, 89, 1983.

FRANÇOIS N., « Fonction de reproduction de l'homme paraplégique. Modalités et indications de l'éjaculation provoquée », pp. 102-105, *in* sous la direction de P. Costa et al., Sexualité, fertilité et handicap, col. Problèmes en médecine de rééducation n° 31, Masson, 1996, 261 p.

FREUD S., 1914 – « Zur Einführung des Narzissmus », *G.W. X*; trad. « Pour introduire le narcissisme », *in La vie sexuelle*, PUF, 1989.

FREUD S., 1930 – *Das Unbehagen in der Kultur, G.W. XIV*; trad. *Malaise dans la civilisation*, PUF, 1989.

GIULIANO F. *et al.*, « Epidemiologic study of erectile dysfunction in France », *in 12e congrès de l'European Association of Urology*, Paris, 1994

HEILPORN A., « La consultation génito-sexuelle du paraplégique » *in* J. Waynberg, *Handicap et sexualité*, Masson, 1981.

HELD J.P. *et al.*, « Sexual attitude reassessment workshops: effect on spinal cord injured adults, their partners and rehabilitation professionals », *Arch. Phys. Med. Rehabil.*, 56, 1, 1975.

HIGGINS G.E., « Aspect of sexual response in adults with spinal cord injury: a review of the literature », *in* J. LoPiccolo & L. LoPiccolo, *Handbook of Sex Therapy*, New York, Plenum Press, 1978.

ISAMBERT J.-L., EGON G., ROGIER A., « Fonction sexuelle et préjudice sexuel », pp. 132-137, *in* Société de Médecine légale et de Criminologie de France et Association des Médecins Experts en Dommage corporel (collectif), *Barèmes d'évaluation médico-légale*, Eska-Lacassagne, 2000

JOUANNET P., « Intérêt des inséminations artificielles en cas de perturbation de l'éjaculation ». pp. 73-81, *in Stérilité masculine et procréations médicalements assistées. Progrès en Andrologie 3*, Y. Englert, J.F. Guérin, P. Jouannet, Doin, Paris, 1989.

KELLET J.M., « Sexual expression in paraplegia », *British Medical Journal*, 301, 6759, 1990.

KRISTEVA J., *Soleil noir. Dépression et mélancolie*, Gallimard, coll. « Folio/essais », 1987.

LAMID S., « Nocturnal penile tumescence studies in spinal cord injured males », *Paraplegia*, 23, 1, 1985.

LE LANNOU D., « Fonction de reproduction de l'homme paraplégique. Modalités et indications de l'injection intracytoplasmique », pp. 121-124, *in* sous la direction de P. Costa et al., *Sexualité, fertilité et handicap*, col. Problèmes en médecine de rééducation n° 31, Masson, 1996, 261 p.

P. LEREBOURG, « Communication et sexualité », compte rendu rédigé Le point carré, 94, 1990.

LERICHE A., « La place de l'urologie dans la rééducation sexuelle des paraplégiques », *in* J. Waynberg, *Handicap et sexualité*, Masson, 1981.

LETARTRE P., « Et après », *in Souffrance, quel sens aujourd'hui ?*, Carrefour et médiations, 3e carrefour, 22/23/24 nov. 1991 ; Érès, 1992.

LETERRIER P., « Sexualité et handicap », *Faire face*, 4, 1989.

LIM T.C. *et al.*, « A simple technique to prevent retrograde ejaculation during assisted ejaculation », *Paraplegia*, n° 32, pp. 142-149, 1994.

LOLLINI M.-F., *L'irréparable outrage: la psychothérapie analytique face à la chirurgie esthétique*, éditions universitaires, coll. « Émergences », 1990.

MASTERS W.H., JOHNSON V.E., *Les mésententes sexuelles et leur traitement*, Laffont, 1971.

MAURY M., *La paraplégie chez l'adulte et chez l'enfant*, Flammarion, coll. « Médecine-sciences », 1981.

MIMOUN S., « Psychothérapie et chimiothérapie de l'impuissance psychogène », *La gazette médicale*, 98, 34, 1991.

NGUYEN V., « Impuissance: une nouvelle substance active par voie intracaverneuse », *Le quotidien du médecin*, 4777, 1991.

PASINI W., CREPAULT C., *L'imaginaire en sexologie clinique*, PUF, coll. « Nodules », 1987.

PAULIN E., « Le devenir du couple après la survenue d'une paraplégie ou tétraplégie. Impact de la lésion sur la sexualité », *Mémoire pour l'obtention de l'attestation du DIU de sexologie humaine*, déc. 1998

PERKASH I., MARTIN D.E., WARNER H., « Reproductive problems of paraplegics and the present status of electroejaculation », *Central Nervous System Trauma*, 3, 1, 1986.

PERROUIN-VERBE B. et LABAT J.J., « Sexualité et procréation des syndromes de la queue de cheval », pp. 82-88 *in,* sous la direction de P. Costa et al., Ed Masson, Paris, 1996, 261 p.

PERROUIN-VERBE B. *et al.*, « Sexualité de la femme handicapée et ses techniques de prise en charge », *in* Collectif, Formation professionnelle des personnes ayant un handicap moteur, *Sexualité et handicap*, Actes des 10e Entretiens de l'Institut Garches, Arnette, Paris, 1997, 223 p.

PERROUIN-VERBE B. *et al.*, « Blessée médullaire et grossesse », pp. 113-120, *in* Sous la direct. de Ch. Hérisson et S. Lopez (collectif), *Grossesse et appareil locomoteur*, Col. De pathologie locomotrice et de médecine orthopédique n° 37, Masson, 1998, 165 p.

PUYUELO R., « Douleur physique, douleur psychique, douleur morale », *Bulletin de la société psychanalytique de Paris*, 8, 1985.

RAJON A.-M., « L'empreinte de la souffrance », *in Souffrance, quel sens aujourd'hui ?*, Carrefours et médiations, 3e carrefour, 22/23/24 nov. 1991 ; Érès, 1992.

REY C. *et al.*, « Social, sexual and personal implications of paraplegia », *Paraplegia*, 22, 1984.

RISCHMANN P., « Les prothèses péniennes », *11e journées de l'infirmière en urologie*, Association française d'urologie, 84e congrès, Paris, Porgès, 1990.

ROUFFET M.-J., ROUFFET F., BLANQUART F., « L'approche génito-sexuelle de la femme paraplégique », *Cahiers de rééducation et réadaptation fonctionnelles*, 14, 5, 1979.

ROUFFET-TISSOT M.-J., « Quelques aspects des problèmes génito-sexuels propres à la femme paraplégique », *in* J. Waynberg, *Handicap et sexualité*, Masson, 1981.

SALOMÉ J., *Parle-moi… J'ai des choses à te dire,* Montréal, Les éditions de l'homme, 1982.

SALOMÉ J., *Apprivoiser la tendresse*, Suisse, Jouvence, 1988.

SALOMÉ J., *Relation d'aides et formation à l'entretien*, Presses universitaires de Lille, 1989.

SAWYER H.W., ALLEN H.A., REISIN B.L., « Microcounseling: a counselor training format relating to sexual concerns of spinal cord injured woman », *Sexuality and Disability*, 6, 1, 1983.

SCHULTZ J.H., *Le training autogène*, PUF, coll. « Bibliothèque de psychiatrie », 1991.

SCHILDER P., *L'image du corps: étude des forces constructives de la psyché*, Gallimard, coll. « Connaissance de l'inconscient », 1968.

SEGAL P., *L'homme qui marchait dans sa tête*, LGF, coll. « Livre de poche », 1980.

SIMON J.-L., *Vivre après l'accident: conséquences psychologiques d'un handicap physique*, Chronique sociale, coll. « L'essentiel », 1989.

SIMON J.-L., « Incidence de la visibilité du handicap dans les relations aux individus et aux groupes », *in* C. Gardou dir., *Handicaps, handicapés: le regard interrogé*, Érès, 1991.

SIPSKI M.-L. et ALEXANDER C.-J., « Sexual activities, response and satisfaction in women pre and postspinal cord injury », pp. 1025-1029, *in Ach. Phys. Med. Rehabil.*, 1993, n° 74

SIPSKI M.-L. et ALEXANDER C.-J., « Physiological paremeters assiociated with psychogenic sexual arousal in women with complete spinalcord injuries », pp. 811-818, *in Arch. Phys. Med. Rehabil*, 1995, n° 76

SIPSKI M.-L., « Orgasm in women with spinal cord injuries : a laboratory-based assessment », pp. 1097-1102, *Arch. Phys. Med. Rehabil.*, 1995, n° 76

SIPSKI M.-L., « Physiological parameters associated with the performance of a distracting task and genital self-stimulation in women with complete spinal cord injuries », pp. 419-424, *Arch. Phys. Med. Rehabil.*, 1996, n° 77

SLOT D., DREWES A., ANDREASON A., OLSOON D., « Erectile and ejaculatory function of males with a cord injury », *Int. Disabil. Stud.*, 11, 1990.

SOULIER B., « Un amour comme tant d'autres ? », *Sexualité et handicaps moteurs*, Ed APF, France, 2001

STIP P.-E., DUGUAY R., EDMOND A., LEOUFFRE P., BEAU J.-M., « Étude de l'effet placebo dans une population québécoise de sujets souffrant d'impuissance érectile et psychogène » *Psychologie médicale*, 23, 2, 1991.

TALBOT H.S., *Proceedings of seventeenth Veteran's Administration spinal cord injury Conference, Veteran's Administration Hospital*, Bronx, New York, 1969. (Cité par T.M. Cole et al., 1973.)

TRUDEL G., « Traitement du dysfonctionnement sexuel féminin », *in* O. Fontaine, J. Cottraux, R. Ladouceur, *Cliniques de thérapie comportementale*, Mardaga, coll. « Psychologie et sciences humaines », 1984.

TURLAN J.-L *et al.*, « Reproduction (sexualité et fertilité) de l'homme et de la femme tétraplégiques », pp 69-75, *in* Sous la direct. de P. Costa *et al.* (collectif), *Sexualité, Fertilité et handicap*, col. Problèmes en médecine de rééducation n° 31, Masson, 1996, 261 p.

UNGAR G., « Children marriage and marital outcome in the spinally injured », *Paraplegia*, 25, 1987.

VANCE E.B., WAGNER H.N., « Written description of orgasm. A study of sex difference », *Archives of Sexual Behavior*, 5, 87, 1976.

VASSE D., *Le poids du réel, la souffrance*, Seuil, 1983.

VIRAG R., « Intracavernous injections of papaverine for erectile failure ». Lancet, n° 2, p. 938, 1982

WAGNER L. *et al.*, « Fonction de reproduction de l'homme paraplégique : Modalités et indications des microprélèvements chirurgicaux », pp. 106-112, *in* Sous la direct. de P. Costa *et al.* (collectif), *Sexualité, Fertilité et handicap*, col. Problèmes en médecine de rééducation n° 31, Masson, 1996, 261 p.

WILLOT J.-P., CHIKHI-KEROMEST R., MAURY M., « Surveillance médicale et vie quotidienne des paraplégiques », *Rev. Prat.*, 38, 25, 1988.

ZWANG G., *Pathologie sexuelle. Les troubles de la fonction érotique et du comportement sexuel de l'adulte*, Maloine, 1990.

Annexe 1

Reconnaissance juridique du préjudice sexuel

Les données de cette annexe proviennent de la publication des Dr J.-L. Isambert, Dr G. Egon et Dr A. Rogier (2000).

Depuis peu de temps les troubles sexuels et les difficultés de procréation ont été progressivement reconnus par la jurisprudence. Ils sont évalués et indemnisés, non plus au sein d'un préjudice global dans le cadre d'une IPP, mais comme un **Préjudice sexuel**, personnel, extrapatrimonial, non soumis au recours des organismes sociaux.

Le médecin expert est confronté à des difficultés :

- d'ordre de la pudeur (de sa part et de celle de la personne blessée médullaire) qui peut gêner l'évocation des troubles,
- dues au fait que sexualité et procréation impliquent le partenaire, tant en ce qui concerne le plaisir que la fertilité,
- d'objectivation médicale ou psychologique de la vie affective et sexuelle concernant l'individu et le couple, à la période antérieure à l'accident, à l'instant présent, depuis l'accident et dans les répercussions futures supposées.

La personne blessée médullaire expose des faits et le médecin expert, après avoir recueilli les données, s'appuiera sur la clinique (analyse de la sensibilité du périnée, du tonus anal et des réflexes cutanéo-anal, clitorido-anal ou bulbo-anal) et sur des examens paracliniques tels que les explorations electrophysiologiques qui représentent un outil majeur pour objectiver les troubles vésico-sphinctériens et génito-sexuels (exploration des voies neurologiques, somatiques et végétatives, afférentes et efférentes, tant proximales que distales).

Le médecin expert décrit les difficultés rencontrées et fait part des éléments d'objectivation dont il dispose. Il va évaluer les capacités de plaisir (libido, capacité de séduction, accomplissement de l'acte sexuel avec pénétration, orgasme) et les capacités de procréation. Pour évaluer ces aspects il tiendra compte des améliorations obtenues (avec leurs inconvénients) sous l'effet des traitements et des moyens palliatifs qui doivent être décrits. A chaque fois sera noté si les possibilités sont inchangées, diminuées ou impossibles sur l'échelle d'évaluation. La somme de ces chiffres permet de faire une cotation du préjudice et peut s'étendre de 1 (« très léger ») à 7 (« considérable »).

Cette grille d'évaluation du préjudice sexuel a été proposée par la Société de Médecine Légale et de criminologie de France (SML) et par l'Association des Médecins Experts en Dommage Corporel (AMEDOC).

Annexe 2
Centres de réadaptation et de rééducation [1]

Centre de Réadaptation fonctionnelle « Saint- Martin »
183 route de Camoins
13396 Marseille
0491273000
Bouches-du-Rhône

Service Urologie-Andrologie
Hôpital, CHU Gaston Doumergue
BP 26
30000 Nîmes
0466623144
Gard

Clinique de Verdaich
31500 Gaillac Toulza
0561509100
Haute-Garonne

Centre de rééducation de laTour de Gassies
rue de la commanderie des templiers
33520 Bruges
0556163333
Gironde

---

1. Équipes susceptibles de réaliser une prise en charge en sexologie (liste non exhaustive)

Centre de Rééducation Fonctionnelle de Propara
263 rue du Caducée
34097 Montpellier Cedex
0467046704
Hérault

CHU Arnaud de Villeneuve
Fédération des services de Gynécologie et Obstétrique
CECOS, Hôpital Arnaud de Villeneuve
375 av. du Doyen G. Giraud
34000 Montpellier
0467336733
Hérault

CHU-Hôpital PontchaillouService Urologie
2 rue Henri Le Guilloux
35033 Rennes
0299284321
Ille et Villaine

CECOS de L'Ouest- CHU Hôtel Dieu
1 bis rue de la Cochardière
35033 Rennes
0299631311
Ille et Vilaine

Centre médical Mauvoisins
25 rue Mauvoisins
44200 Nantes
0240034909
Loire Atlantique

CHU de Nantes – Service de Rééducation fonctionnelle
rue Saint Jacques
44035 Nantes
0240846066
Loire Atlantique

Centre de Réadaptation de Lay St Christophe
4 rue du Professeur Montaut
54690 Lay St Christophe
0383222324
Meurthe et Moselle

Centre de Rééducation de Kerpape
BP 78 District de Lorient
56275 Ploemeur Cédex
0297826060
Morbihan

Fondation Franco-AméricaineService Galland
72 esplanade Parmentier
62600 Berk-sur-Mer Cédex
0321893333
Pas de Calais

Centre de rééducation Cap Peyrefite
Route de Banyuls
66290 Cerbère
0468887500
Pyrénées Orientales

Centre de Réadaptation Fonctionnelle Clémenceau
45 Bd Clémenceau
67000 Strasbourg
0388211515
Bas-Rhin

Centre de réadaptation de Mulhouse (CRM)
57 rue Albert Camus
68200 Mulhouse
0389324646
Haut-Rhin

Hôpital Henry-Gabrielle Hospices Civils de Lyon

Rééducation Fonctionnelle
Route de Vourles
BP 57
69565 St Génis Laval Cedex
0478865084 04 78865066
Rhône

Centre Médical de l'Argentière
69610 Aveize
0474264141
Rhône

Hôpital E. Bretegnier
14 rue du Dr. Gaulier
70400 Héricourt
0384465656
Haute-Saône

Centre de l'Arche
72650 St Saturnin Le Mans
0243517272
Sarthe

Institution Nationale des Invalides
6 Bd des Invalides
75007 Paris
0140632381

CECOS/Biologie de la Reproduction
Hôpital Cochin – Pavillon Cassini
123 Bd Port Royal
75014 Paris
0158411564

Centre de Rééducation pour Adolescents
77610 Neufmoutiers en Brie
0164424646
Seine et Marne

Centre de Rééducation Neurologique et de Réadaptation Fonctionnelle (CRNRF)
Route Liverdy
77170 Coubert
0164422109
Seine et Marne

Hôpital Renée-Sabran
Bd Edouard Herriot
83400 Giens
0494381721
Var

Hôpital Poincaré – Service de Rééducation Neurologique
104 Bd Poincaré
92380 Garches
0147107900
Hauts de Seine

Centre hospitalier R. Ballanger
Bd Robert Ballanger
93602 Aulnay sous Bois
0149367123
Seine Saint Denis

Centre Hospitalier de Bicêtre
Service d'Urologie
78 rue du Général-Leclerc
94270 Kremlin-Bicêtre
0145213674
Val de Marne

Centre de réadaptation
Hôpital de Brugmann
Place Van Gehuchten 4
B.1020 Bruxelles
(00 32) 2475 12 11
Belgique

Centre Hospitalo Universitaire du Vauddois-Service Urologie
1011 Lausanne
(00 41) 21314 11 11
Suisse

Hôpital Cantonal Universitaire de Genève
Centre Romand des Paraplégiques
Avenue Beau-Séjour 26
1211 Genève
(00 41) 22382 3 24
Suisse

Centre suisse de paraplégiques
6207 Nottwil
(00 41) 41939 54 54
Suisse

Centre Suisse de Paraplégie
Clinique Orthopédique Universitaire
Forch str. 340
8008 Zurich
(1941) 1386 11 11
Suisse

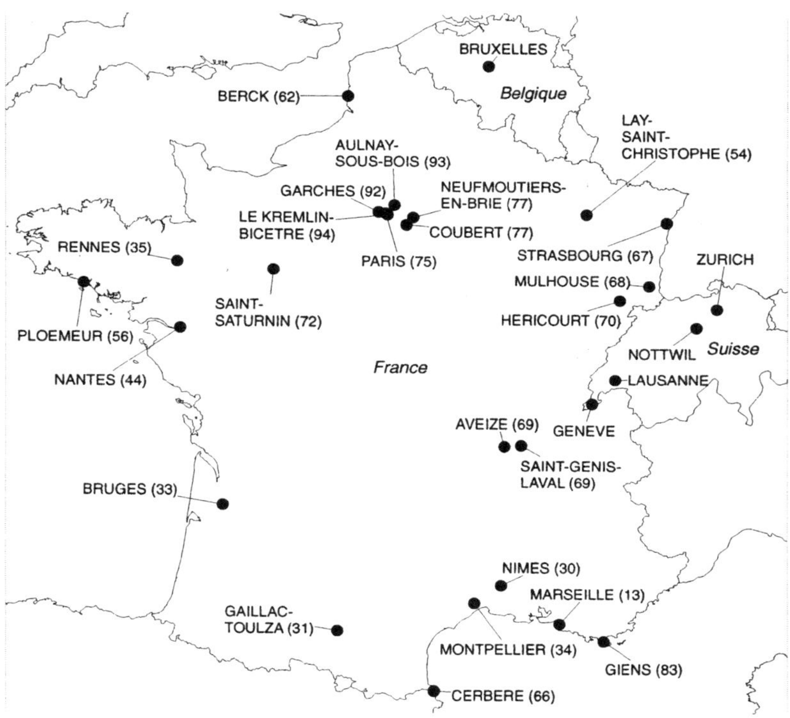

Centres susceptibles de réaliser, pour les blessés médullaires, une prise en charge en sexologie (liste non exhaustive)

Index des noms propres

H

J-K

L

M

N-P

R

S

T-U-V

W-Z

044948-(I)-(1,5)-OSB 100°-FAB-GDE

STEDI, 1, boulevard Ney, 75018 Paris
Dépôt légal, Imprimeur, n° 7168
Dépôt légal : octobre 2001
Imprimé en France